C.H.BECK  WISSEN
in der Beck'schen Reihe

Wann ist ein Verhalten kriminell? Was wissen wir über Ursachen und Strukturen krimineller Handlungen? Gibt es typische Täter? Wer wird Opfer? Welche Rolle spielen Anlage und Umwelt? Dieses Buch gibt einen Überblick über die Kriminalitätslage in Deutschland, über Statistiken und Dunkelfeldforschungen sowie über strafrechtliche Sanktionen.

Britta Bannenberg ist Professorin für Kriminologie, Strafverfahrensrecht und Strafrecht an der Universität Bielefeld.

Dieter Rössner ist Professor an der Philipps-Universität Marburg, Institut für Kriminalwissenschaften.

Britta Bannenberg
Dieter Rössner

KRIMINALITÄT
IN DEUTSCHLAND

Verlag C. H. Beck

Mit 20 Grafiken und einem Cartoon auf S. 65;
mit freundlicher Genehmigung von Horst Haitzinger

Originalausgabe
© Verlag C. H. Beck oHG, München 2005
Satz: Fotosatz Reinhard Amann, Aichstetten
Druck und Bindung: Druckerei C. H. Beck, Nördlingen
Umschlagentwurf: Uwe Göbel, München
Printed in Germany
ISBN 3 406 50884 7

www.beck.de

Inhalt

Einleitung

Verbrechen und Strafe oder, anders ausgedrückt, Kriminalität und die gesellschaftliche Reaktion darauf sind Themen und stellen Fragen, die nicht in einer bestimmten wissenschaftlichen Disziplin entwickelt und diskutiert werden. Die leidvollen Erfahrungen mit Individuum und Gemeinschaft schädigenden Verbrechen, die daraus resultierenden Emotionen und der Anspruch, dennoch sinnvoll zu reagieren, beschäftigen die Menschen und die Gesellschaft zu allen Zeiten und führen zu höchst unterschiedlichen Antworten. Die Breite der Problemstellung stand zudem lange Zeit der wissenschaftlichen Bündelung der Erkenntnisse entgegen. Je nachdem, ob es mehr um die Persönlichkeit des Verbrechers oder um gesellschaftliche Einflüsse oder um die Verbrechensverfolgung ging, leisteten Psychiatrie und Psychologie, Soziologie und Sozialpsychologe oder schließlich die Rechtswissenschaft wissenschaftliche Pionierarbeit auf dem Feld der Kriminalität aus ganz unterschiedlichen Perspektiven. Die erst im letzten Jahrhundert entstandene spezifische Wissenschaftsdisziplin der Kriminologie ist daher eine interdisziplinäre und sehr komplexe Erfahrungswissenschaft vom Menschen in der Gesellschaft, die das Wissen zur Funktion des Verbrechens, zur Persönlichkeit des *Verbrechers*, zu den Ursachen des Verbrechens und seiner Verhütung sowie seiner sozialen und strafrechtlichen Kontrolle zusammenfasst, weiter entwickelt und natürlich aus unterschiedlichen Blickwinkeln diskutiert. Grundlegender Richtungsstreit bleibt da in der Wissenschaft nicht aus. Im Wechselspiel zwischen Alltagswissen und Alltagshandeln auf der einen und der kriminologischen Wissenschaft auf der anderen Seite kommt den kriminologischen Erkenntnissen dennoch große Bedeutung zu. Sie können und müssen die stets gefühlsbesetzten Empfindungen bei der Konfrontation mit Verbrechen und Strafe rationalisieren, um trotz der Verbrechen zu einer

wohlgeordneten Gemeinschaft beizutragen, für die maßlose und
affektive Strafen ebenso gefährlich wie das Verbrechen selbst
sind.

Der vorliegende Band fasst deshalb vor allem das empirisch
gesicherte Wissen der Kriminologie verständlich zusammen.
Ausführungen zur Bedeutung und Funktion des Verbrechens in
der Gesellschaft machen deutlich, dass wir mit den Schatten-
seiten der Gesellschaft leben und rational umgehen lernen müssen. Die Autoren bemühen sich mit Blick auf diese Realität des
Lebens ganz besonders, dem Leser die Augen für erprobte Wege
des friedlichen Miteinander zu öffnen. Natürlich werden auch
die Erkenntnisse zum Umfang und zur Struktur der Kriminalität
unter Einbeziehung des der unmittelbaren Wahrnehmung entzo-
genen Dunkelfelds ebenso dargestellt und analysiert wie besonders wichtige Teilbereiche der Kriminalität und die Situation
der häufig vernachlässigten Verbrechensopfer. Großes Gewicht
wird schließlich auf die neuen Erkenntnisse und Wege bei der
Prävention und Sanktionierung von Kriminalität gelegt, da bei
der Frage nach den wirksamen Wegen aus der Kriminalität sich
die gesellschaftliche Bedeutung der angewandten Kriminologie
erweist. So bietet der kleine Band insgesamt eine erfahrungswis-
senschaftlich fundierte und komprimierte Ertragsanalyse kriminologischer Forschung, deren Kenntnis Voraussetzung für die
rationale Beurteilung von Verbrechen und Strafe in einer zivi-
lisierten Gesellschaft ist.

Historische Entwicklung und Bedeutung der Kriminologie in der Gesellschaft

Die Ursprünge der Kriminologie

Kriminologie hat sich heute zur Lehre vom Verbrechen, d. h. von der Tat, dem Täter, dem Opfer und den Reaktionen auf die Tat, entwickelt.

Verbrechen haben die Menschen schon immer beschäftigt – lange vor der Entdeckung der Kriminologie als Wissenschaft. Das Verbrechen gehört zur menschlichen Existenz ebenso wie die kulturellen und zivilisatorischen Leistungen. Anders als das durch angeborene natürliche Instinkte bestimmte Tier kann sich der Mensch als erstes Lebewesen vom «natürlichen» Ich distanzieren und seine Emotionen bewusst kontrollieren. Aus der Fähigkeit, sich zwischen verschiedenen Verhaltensweisen entscheiden, zumindest zwischen verschiedenen Möglichkeiten wählen zu können, folgt die notwendige Konsequenz, das Gemeinschaftsleben durch Verhaltensnormen zu regeln, insbesondere gemeinschaftsschädliches Verhalten – das Böse bzw. das Verbrechen – als Verhaltensalternative auszuschließen.

Dieser zentrale Punkt des Evolutionsgeschehens bei der Entwicklung zum Menschen als Lebewesen mit nur schwach vorhandenen angeborenen Verhaltensmustern und einem großen Spielraum zur Annahme umweltgeprägten Verhaltens und damit verbundenen moralischen Handelns, findet sich in allen Schöpfungsgeschichten als Grundthematik. So unterschiedlich sie sich auch im Einzelnen darstellen, das Verbrechen als Auflehnung gegen die kosmische Ordnung der Welt ist untrennbar mit dem Auftreten des Menschen verbunden.

In der biblischen Schöpfungsgeschichte aus dem ersten Jahrtausend vor Chr. lebte der von Gott geschaffene Mensch im Garten Eden – dem Paradies –, bis Adam und Eva mit dem gestohlenen Apfel vom verbotenen Baum der Erkenntnis essen und danach Gut und Böse unterscheiden können. Der Diebstahl als erstes Verbrechen der Menschen ist die Erbsünde, der bald der erste Mord folgt, wenn Kain den Abel erschlägt. Im babylonischen Schöpfungslied «Enuma elisch» aus dem 2. Jahrtausend vor Chr. ist der Mensch schon bei der Entstehung kein reines und unschuldiges Wesen, sondern ist belastet mit den Verbrechen der Götter, die Sünde und Tod in die Welt abschieben.

So ist es leicht zu erklären, dass sich die eingangs genannten kriminologischen Fragestellungen in Religion, Kunst, Kultur, Politik und Öffentlichkeit ebenso stark niederschlagen wie im Recht. Schon im Gesetzbuch von Hammurabi (ca. 1700 v. Chr.) finden sich fundierte Vorstellungen von den Ursachen des Verbrechens und der Reaktion darauf, wenn von reichen und gebildeten Menschen mehr Regeltreue erwartet und z. B. ein Diebstahl härter bestraft wird als bei einem armen. Frühe griechische (Protagoras) und römische (Seneca) Philosophen diskutierten, ob kluge Menschen strafen, weil ein Verbrechen geschehen ist und der Sünder büßen soll oder um noch nicht geschehene Verbrechen zu verhindern. Kriminologie ist so von vornherein kein klar umgrenztes Feld des Wissens, sondern ein elementares Anliegen jeder Gemeinschaft.

Die Entwicklung zur Wissenschaft im heutigen Sinn beginnt im Mittelalter, wo man z. B. ärztliche Sachverständige bei Verbrechen zuzieht. Thomas Morus (1478–1535) beschreibt in seinem Entwurf einer künftigen menschenwürdigen Gesellschaft (Utopia – 1516) die Entstehungsbedingungen der Eigentumskriminalität: Ein Gutteil dieser ganzen Welt mache es «wie ein schlechter Lehrer, der seine Schüler lieber prügelt als erzieht. Da verhängt man über den Dieb eine strenge Strafe und sollte doch lieber dafür sorgen, dass er irgendein Auskommen hat …» Konsequent richten z. B. Städte wie London mit dem sog. House of corrections in Bridewell (1552) ein Arbeits- und Werkhaus oder Amsterdam (1595) ein Erziehungsheim für Diebe ein, um sie zu erziehen und in die Gesellschaft zu integrieren, statt sie an «Haupt und Haaren» zu bestrafen.

Erste Ansätze wissenschaftlicher Kriminologie

Wichtige Impulse erhielt die Kriminologie im 18. Jahrhundert als Folge der Aufklärung: Der Italiener Cesare Beccaria (1738–1794) hat in seinem berühmt gewordenen Buch «Über Verbrechen und

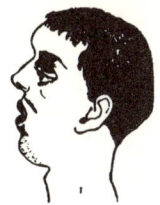

Abbildung aus Lombroso: Der geborene Verbrecher, 1876

Strafen» (1764) bis heute unübertroffene Leitlinien einer Kriminalpolitik auf rationaler Grundlage entwickelt.

Die italienische (oder kriminalanthropologische) Schule zeigt erste empirisch-wissenschaftliche Ansätze der Kriminologie im 19. Jahrhundert: Cesare Lombroso (1835–1909), Gefängnisarzt und Psychiater aus Turin, nahm anthropometrische Untersuchungen an Gefangenen vor und entwickelte erstmals eine komplette wissenschaftliche Ursachentheorie des Verbrechens (Der geborene Verbrecher, 1876), wobei er die These entwickelte, Verbrecher seien zum Verbrecher geboren: Nach einer detaillierten Beschreibung einzelner Tätergruppen wie Dieben und Mördern aufgrund breit angelegter anatomischer Untersuchungen von Soldaten und Gefängnisinsassen stellt er zusammenfassend fest: «Im Allgemeinen sind bei Verbrechern von Geburt die Ohren henkelförmig, das Haupthaar voll, der Bart spärlich, die Stirnhöhle gewölbt, die Kinnlade enorm … kurz ein mongolischer und bisweilen negerähnlicher Typus vorhanden.»

Der erste erfahrungswissenschaftliche Versuch der Kriminologie entpuppte sich aber schnell als Irrweg mit Folgen. Im NS-Staat mit seiner Rassenbiologie mündete es in blutige Wirklichkeit, nämlich den geborenen Verbrecher als den Anderen bzw. Fremden zu identifizieren, der körperlich wie moralisch als minderwertig eingestuft und vernichtet wird. Die These Lombrosos wurde schnell in den Anfängen der kriminologischen Wissenschaft relativiert und begründet den für die Kriminologie lange geltenden Grundsatzkonflikt von Anlage und Umwelt. Enrico Ferri (1856–1929), ein Schüler Lombrosos, teilte zunächst dessen Ansichten, betonte aber später mehr und mehr die sozialen Faktoren.

Im Gegensatz dazu bildete sich die französische (kriminal-soziologische) Schule heraus, die die milieuorientierte Gegenthese vertrat: Der Mensch ist das Produkt seiner sozialen Umwelt und wird quasi zum Verbrechen gezwungen. Alexander Lacassagne (1843–1909) formulierte den oft gebrauchten Satz: «Jede Gesellschaft hat die Verbrecher, die sie verdient», und Gabriel Tarde (1843–1904) sah aufgrund seiner frühen Lerntheorie, die Kriminalität vor allem wie eine Mode auf nachgeahmtes Verhalten zurückführt, die Gesellschaft als des Verbrechens schuldig an.

Vermittelnde Ansichten zogen sich in dem Grundsatzstreit auf den sicheren, insgesamt aber wenig aussagekräftigen Standpunkt zurück, nach denen Kriminalität das Produkt aus Anlage und Umwelt ist wie z. B. der Begründer der sog. modernen Schule, Franz von Liszt (1851–1919). Er orientierte die Strafe in seinem epochemachenden Marburger Programm (Rektoratsrede 1882) an spezialpräventiven Zwecken und sah sie damit in unmittelbarem Zusammenhang mit den kriminologischen Erkenntnissen hinsichtlich ihres Einsatzes bei bestimmten Tätergruppen. Damit verbunden war das Konzept einer «gesamten Strafrechtswissenschaft», einschließlich der Kriminologie, das sich bis heute in der von ihm gegründeten «Zeitschrift für die gesamte Strafrechtswissenschaft» gehalten hat. Die entscheidenden Fragen der modernen Kriminologie und ihr Verhältnis zum Strafrecht waren damit gestellt: Was folgt aus den empirischen Erkenntnissen und Theorien über die Ursachen des Verbrechens für die Berechtigung des Staates zu strafen? Vergeltung oder Spezialprävention? Besteht die Freiheit des menschlichen Willens, sich für oder gegen die Verhaltensanforderungen des Strafgesetzbuches zu entscheiden, oder kann der Mensch aufgrund der Anlage- oder Umwelteinflüsse sein Verhalten gar nicht beeinflussen? Daraus entstand der Determinismus/Indeterminismus-Streit hinsichtlich des Problems von Willensfreiheit und Strafe Ende des 19. Jahrhunderts, der heute im Rahmen der sich schnell entwickelnden Neurowissenschaften in der Form wieder

Historische Wurzeln und aktuelle Ausprägungen

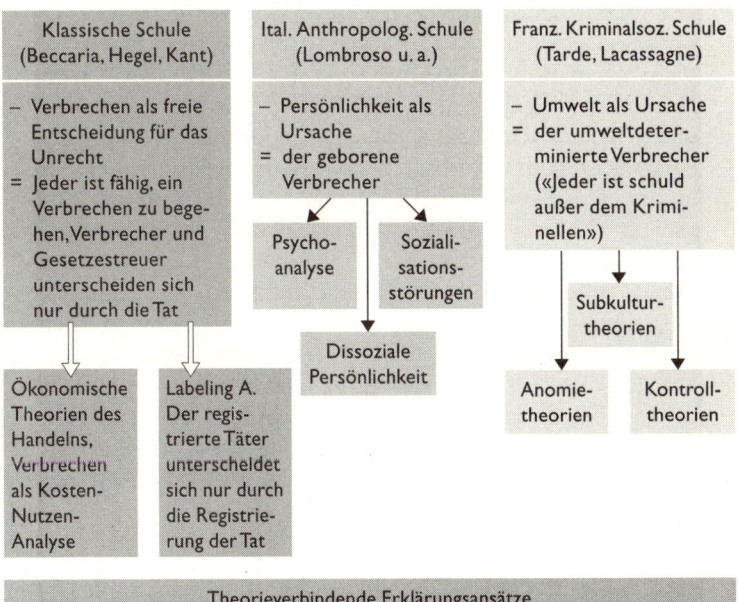

Grafik 1: Historische Wurzeln kriminologischer Schulen

aufflackert, inwieweit der Mensch Sklave neuronaler Verknüpfungen seines Gehirns ist.

Die Grafik veranschaulicht die historischen Wurzeln der Kriminologie ebenso wie die bis heute aktuell gebliebenen höchst unterschiedlichen Forschungsperspektiven, die weiter unten näher dargestellt werden.

Der aktuelle Forschungsstand der Kriminologie

Es versteht sich von selbst, dass sich die unterschiedlichen Forschungsansätze bis heute in den Ergebnissen der Kriminologie niederschlagen und eine einheitliche Erklärung des breit gestreuten sozialen Verhaltens der Kriminalität vom Ladendiebstahl über den Drogenhandel bis hin zur Staatsgefährdung und den Tötungsdelikten nicht zu erreichen ist. So hängen nach wie vor selbst die empirisch abgesicherten Theorien davon ab, welche Forschungsperspektive im Vordergrund steht. Psychiatrische und psychologische Untersuchungen betonen die Störungen der Persönlichkeit als Kriminalitätsfaktoren, während soziologische und sozialpsychologische Forschungen die Entstehungsgründe eher in der Sozialstruktur, gesellschaftlicher Desorganisation oder Selektionsprozessen gegenüber Außenseitern suchen. Sog. Mehrfaktorenansätze versuchen, die individuellen wie sozialen Entstehungsbedingungen der Kriminalität vor allem in ihren Wechselbeziehungen zu erfassen. Der «Täter in seinen sozialen Bezügen» ist so zu einem empirisch offenen und heute auch dynamisch auf kriminelle Entwicklungen gerichteten Forschungskonzept geworden, das durch Verfeinerung und Differenzierung weiteren Erfolg für die empirische Aufklärung der Entstehungsbedingungen der Kriminalität garantiert.

Bis in die 1960er Jahre waren die Beiträge der deutschen Kriminologie vorrangig an biologischen und psychiatrischen Erklärungen orientiert. Es ging etwa um den Zusammenhang zwischen Körperbau, Charakter und Kriminalität (Kretschmer), Vererbung der Kriminalität (Zwillingsforschung), angelegte psychopathologisch relevante Persönlichkeitsmerkmale (Psychopathenlehre von Kurt Schneider) und psychodynamische Fehlentwicklungen der Persönlichkeit (Freud; Aichhorn). Dagegen lag der Schwerpunkt der angloamerikanischen Kriminologie im Bereich soziologischer Forschung bei ökologischen Aspekten (Chicago-Schule), bei sozialstrukturellen Analysen des Verhaltens (Anomietheorie von Merton und Subkulturtheorie von Cohen), lerntheoretischen Ansätzen (Sutherland), Fragen nach der interaktionistischen Produktion von Kriminalität durch Stigmatisierungsprozesse (Tannenbaum; Becker) und vor allem bei großangelegten empirischen Untersuchungen durch Vergleichsstudien von Kriminellen und Nichtbestraften (Glueck/Glueck). Seit den 1960er Jahren gibt es zwar eine oberflächlich heftige Diskussion zwischen unterschiedlichen Grundrichtungen wie traditionell ursachen-

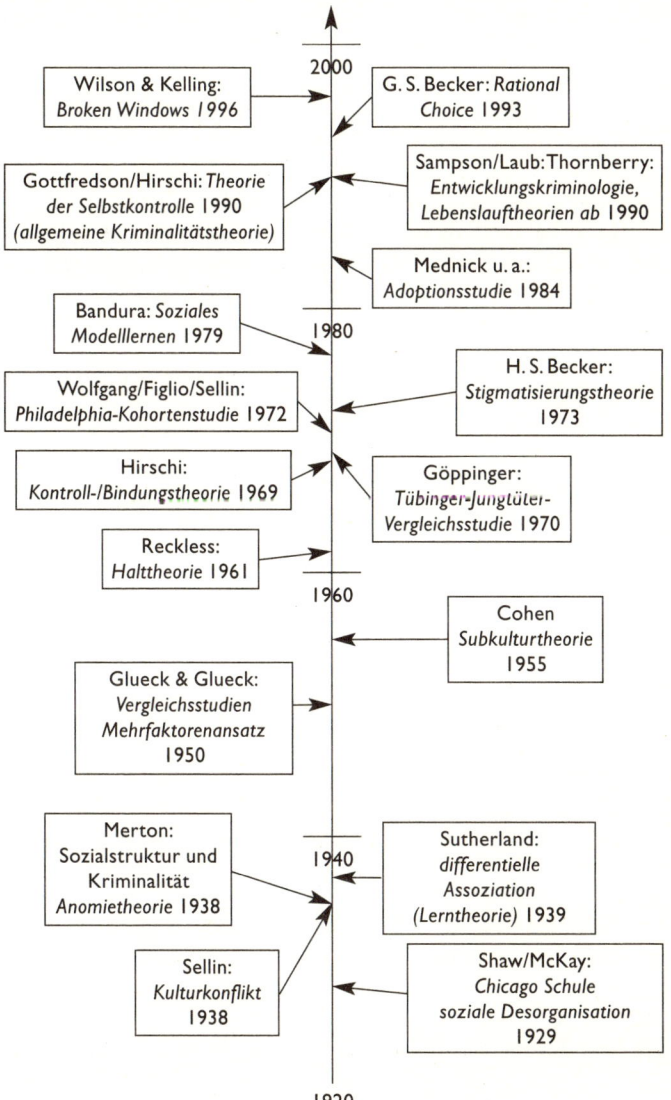

Grafik 2: Kriminologische Theorienentwicklung im 20. Jahrhundert

orientierter und neuer kritischer bzw. radikaler (Sack) Kriminologie. Die ernsthafte Forschung findet jedoch jenseits dieser ideologischen Kämpfe in der schwierigen und aufwändigen Verknüpfung der unterschiedlichen Ansätze und der genauen Analyse der Wechselwirkung zwischen Persönlichkeitsmerkmalen, Sozialisation und Einflüssen der Sozialkontrolle statt. Dabei steht nicht mehr die Frage nach Kriminalitätsursachen im Zentrum, sondern es geht zu Recht ebenso darum zu klären, welche (Schutz-) Faktoren kriminelle Entwicklungen verhindern. Grafik 2 zeigt den aktuellen Entwicklungsstand für die wichtigsten kriminologischen Ansätze.

Was ist Kriminalität?

Die normative Konstruktion der Gesellschaft

Soziale Normen halten Gemeinschaften durch die daraus resultierenden Erwartungen für den aktuellen und zukünftigen Umgang miteinander zusammen. Wenn man auf jemanden zugeht und höflich anspricht, darf man eine Antwort und nicht etwa einen Schlag ins Gesicht erwarten. Weicht jemand von der sozialen Norm ab, stellt sich für die gesamte Gemeinschaft die Frage, wie auf die enttäuschte Erwartung und die daraus resultierende Verhaltensunsicherheit zu reagieren ist. Besitzt die Norm wie im Beispielsfall erhebliches Gewicht für das weitere vertrauensvolle Zusammenleben, wird es mit einer Sanktion versehen. Das Ziel der Konformität ist aber auch durch Belohnung, z. B. soziale Anerkennung besonders höflichen und unterstützenden Umgangs mit anderen, zu erreichen. Das System der sozialen Kontrolle durch Sanktion und Belohnung erlangt so große Bedeutung für das Zusammenleben und die Konfliktlösung. Bei dem «Mängelwesen» Mensch (Gehlen) treten an die Stelle der fehlenden Instinkte die normativ durch die Gesellschaft geprägten und vermittelten Verhaltensregeln.

Man muss sich einen Moment lang vorstellen, was wäre, wenn uns in Familie, Gemeinde oder Staat alle Normen abhanden kämen. Endlich die große Freiheit, die wir uns immer ersehnen? Oder eher Unsicherheit, Vorsicht, am Ende Hilflosigkeit und Apathie beim Umgang mit anderen? Letzteres liegt nahe. Mit dem Blick auf die nicht überschaubare Zahl von Verhaltensmöglichkeiten sind Gemeinschaft, Ordnung und soziale Einbindung ohne angeborene Instinkte nur durch Übereinkunft über bestimmte Regeln möglich. Für den einzelnen Menschen überwiegt der Gewinn an Sicherheit den Verlust an Autonomie, wie sich mit vier Argumenten belegen lässt:

- Im Alltag entfällt für alle Routinesituationen die Qual der Verhaltenswahl. Die richtige Umgangsregel muss nicht stets neu gefunden werden – wie nicht jeder erst aus der Bekanntschaft mit einer Giftschlange erfahren muss, dass sie gefährlich ist.
- Soziale Normen schaffen Vertrauen und Erwartungssicherheit im Umgang mit anderen. Durch das Gewaltverbot können wir z. B. Kontakte knüpfen, ohne einen körperlichen Angriff als Reaktion befürchten zu müssen. Schwindet solches Vertrauen – wie wir es gegenwärtig partiell erleben –, wird das Gemeinschaftsleben verarmen.
- Normen koordinieren einen friedlichen Wettbewerb der Verteilung knapper Güter, wie z. B. ganz augenfällig beim Schlangestehen.
- Normen vermitteln schließlich die dahinter stehenden Werte und Leitbilder bei der moralischen Entwicklung.

Alles in allem sind soziale Normen damit der stets fortzuschreibende Versuch, die Balance zwischen der Freiheit des Einzelnen und der überlebensnotwendigen Integration in die Gemeinschaft zu finden. Am Wege lauern Szylla und Charybdis in Gestalt von Vereinzelung und gesellschaftlichem Chaos auf der einen und von obrigkeitlicher Gängelung eine Ruhe-und-Ordnung-Gemeinschaft auf der anderen Seite.

Strafrecht als Teilbereich der sozialen Kontrolle

Das Strafrecht ist Bestandteil des Systems sozialer Kontrolle. Es steht in vielfältigen Abhängigkeiten und Beziehungen zu anderen Formen von Problemlösungen, mit denen die Gemeinschaft durch die Sanktionierung abweichenden Verhaltens Verhaltenskonformität erreicht. In diesem System unterschiedlicher informeller und formeller Prozesse der Normdurchsetzung von der Familie über soziale Instanzen hin zum Recht gibt es unterschiedliche Schwerpunkte mit entsprechenden Zielsetzungen der Verhaltenssteuerung. Das Strafrecht ist nur begrenzt wirksam, wenn man etwa auf die Effekte beim Normenlernen abstellt.

Die frühe Ausbildung der Basispersönlichkeit mit recht stabi-

len Grundmerkmalen lässt die Wirkung der Intervention konti-
nuierlich von Familie, Nachbarn, Schule, Kirchengemeinde, Betrieb, Freizeitgruppen und schließlich zum Staat zurückgehen.
Daraus folgt, dass das staatliche Strafrecht erst ganz am Ende
steht und ohne die darunter liegenden Stufen als «Resonanzboden» der Normvermittlung nicht sehr wirkungsvoll sein
kann. Dagegen muss die Freiheit sichernde Funktion des Strafrechts im Gesamtsystem sozialer Kontrolle betont werden. In
der rechtsstaatlichen Demokratie ist das Strafrecht kein einseiti-
ges Repressionsmittel gegen Täter, sondern es wacht über die
Freiheit der Opfer. Was es den potentiellen Tätern mit Verboten
an Freiheit nimmt, gibt es den möglichen Opfern an Vertrauen.
Es geht um das Gleichgewicht der Freiheitsrechte von Starken
und Schwachen in einer Gemeinschaft. Konkret: Der physisch
Starke wird durch das Gewaltverbot daran gehindert, seine
Interessen einfach mit seiner Körperkraft durchzusetzen. Der
Schwächere kann sich darauf verlassen, dass in einem Interes-
senkonflikt nicht einfach das Maß der körperlichen Kraft über
seine Gesundheit, Eigentum und andere Rechtsgüter entscheidet. Das Strafrecht ist ein Instrument der Freiheitsverteilung und
steht so in engem Bezug zu den Menschenrechten. Zentrales Anliegen des Rechtsstaats ist daher ein strafrechtliches Gewaltverbot, verbunden mit Monopolisierung der Gewalt. Je pluralisti-
scher und multikultureller die Gesellschaft wird, desto wichtiger
ist diese Aufgabe des Rechtsstaats. Wenn trotz der Bedingungen
heutiger Massengesellschaften und trotz allgegenwärtiger Gewalt viele Millionen von Menschen in einer ganzen Reihe von
entwickelten Staatswesen verhältnismäßig friedlich zusammenleben, so ist das ein nicht selbstverständliches Ergebnis rechts-
staatlicher Wirklichkeit. Verhaltenssicherheit garantiert eine positive, in Gesetze gefasste strafrechtliche Verhaltensordnung.

Wann ist abweichendes Verhalten kriminell?

Verbrechen und die daran anknüpfende Strafe müssen gesetzlich
genau bestimmt sein. Kriminelles Verhalten ist damit im Wesentlichen auf die Normen des Strafgesetzbuches fest gelegt(sog. for-

meller Verbrechensbegriff, d. h. alle als Vergehen und Verbrechen nach § 12 Abs. 1 und 2 StGB anzusehenden mit Kriminalstrafe bedrohten Verhaltensweisen).

Diese decken sich natürlich nicht mit dem viel weiteren Spektrum des negativ abweichenden Verhaltens, das von mangelnder Sauberkeit und unhöflichen Umgangsformen wie dem Nichtgrüßen über Mobbing und bestimmten Lebensstilen bis zu Mord und Totschlag reichen kann. Nimmt man das ebenfalls von der Norm positiv abweichende Verhalten hinzu, ergibt sich folgende Häufigkeitsverteilung des Verhaltens in einer Gesellschaft.

Die möglichen Verhaltensweisen einer Gesellschaft stellen sich, wie im Schaubild deutlich wird, als Kontinuum dar, das sich in seiner Häufigkeit wie viele biologisch-organisch bestimmte Phänomene bei Menschen (Größe, Alter, Gesundheit usw.) normal (in Form der Glockenkurve) verteilt (Gausssche Normalverteilung). Das Bild der Glockenkurve mit ihrer Kontinuität und der fließenden Übergänge der Verhaltensnormen führt uns vor Augen, wie schwierig die Grenzziehung für die strafrechtliche Kon-

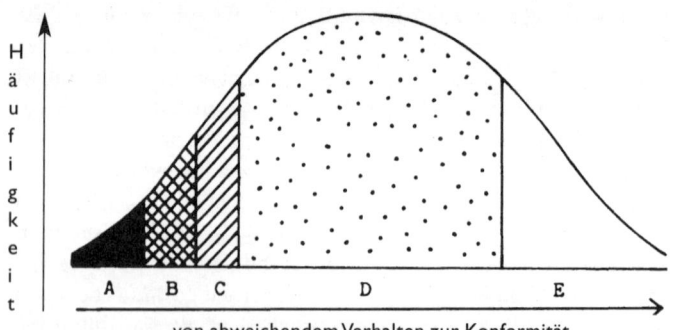

von abweichendem Verhalten zur Konformität

A: schwere Verbrechen
B: leichte Delikte
C: übriges kontrolliertes Verhalten
D: Normalverhalten
E: überkonformes Verhalten

Grafik 3: Häufigkeitsverteilung menschlichen Verhaltens

trolle durch die Festlegung von Straftatbeständen mit der Folge von Kriminalsanktionen ist. Es ist die kriminalpolitische Aufgabe des Gesetzgebers, auf der linken Seite der Kurve die Grenzen zwischen «bloß» abweichendem und kriminellem, schwer sozialschädlichem Verhalten zu ziehen. Wir erkennen den umstrittenen Handlungsspielraum im Grenzbereich ohne weiteres. Neben verfassungsrechtlichen Überlegungen zum Schutz der Freiheitsrechte ist dabei zu berücksichtigen, dass der Verbrechensbegriff seine Integrationsfunktion bei der Mehrheit der Rechtstreuen nur erfüllen kann, wenn er nicht zu weit in die graue Toleranzzone hineinreicht. Die entscheidende Frage ist daher die Begrenzung des Strafrechts auf individuelle Opfer oder die Gemeinschaft schwer schädigendes abweichendes Verhalten. Diese Aufgabe erfüllt der sog. materielle Verbrechensbegriff, der mit kriminalpolitischer Zielsetzung die inhaltlichen Voraussetzungen für die Legitimation einer Strafnorm enthält.

Welches abweichende Verhalten kriminalisiert oder wieder entkriminalisiert werden soll, ist daher zu Recht eine wichtige gesellschaftspolitische Frage, für die es klare Leitlinien der Kriminalpolitik zu entwickeln gilt.

Die Problematik der Kriminalisierung bzw. Entkriminalisierung bestimmter Verhaltensweisen und der jeweilige gesellschaftliche Kontext lassen sich am besten an Beispielen zeigen:

• Das **Alltagsbeispiel**: Von vielen Menschen kann man hören, die Autobahnraserei ohne Geschwindigkeitsbegrenzung in Deutschland sei kriminell und gehöre bestraft. Andere wenden sich gegen drastische Geschwindigkeitsbegrenzungen, weil sie sich in ihrer Freiheit beeinträchtigt fühlen. Wem geben Sie Recht? Inwieweit beruht Ihre konkrete Entscheidung auf grundsätzlichen Einstellungen etwa gegenüber dem Auto als Umweltgefahr oder eines Mittels der Selbstverwirklichung? Hat dies etwas mit Ihrer politischen Meinung zu tun? Diese Fragen zu stellen, heißt, selbstkritisch zu erkennen, dass die Beurteilung sozialer Normen als abweichend oder kriminell auf subjektiven Einstellungen beruht und insoweit immer relativ ist.

• Das **historische Beispiel**: Homosexuelles Verhalten hat im Laufe der Geschichte alle Bewertungen vor- und rückwärts

durchlaufen: Im klassischen Griechenland war es eine besonders anerkannte Form der Liebe zwischen Philosoph und
Jüngling; im kirchlich dominierten Mittelalter wurde es streng
bestraft, in der aufgeklärten Neuzeit formal entkriminalisiert,
aber doch therapiert bzw. im aktuellen Wertepluralismus entweder in bestimmten Kreisen missbilligt oder z. B. in der Bo-
hème durch den Reiz des Besonderen hervorgehoben.

• Die **aktuellen kriminalpolitischen Beispiele:** Soll die hartnä-
ckige Belästigung und Verfolgung (Stalking) eines bestimmten
Menschen, häufig als Folge enttäuschter Erwartungen, bestraft werden? Aus der Sicht der betroffenen Opfer, deren
Freiheitsraum und Lebensqualität schwerwiegend und unzu-
mutbar beeinträchtigt werden können, wird die Einstufung
als kriminell sicher begrüßt. Andere halten den Tatbestand
des «beharrlichen Nachstellens» für unbestimmt und befürchten die Gefahr, auch bloß sozial lästiges Verhalten werde dadurch als Verbrechen verfolgt. Auf der anderen Seite will der
Gesetzgeber die Gefahr nicht übersehen, die in einer möglichen Eskalation des Geschehens bis zu schlimmen Gewalttaten steckt und durch möglichst frühzeitiges strafrechtliches
Eingreifen eventuell ausgeschaltet werden kann. Man wird
sehen, was aus den aktuellen Initiativen der Bundesregierung
und des Landes Hessen für ein Anti-Stalking-Gesetz wird.
Ähnlich verläuft die aktuelle Diskussion derzeit hinsichtlich
eines Strafgesetzes gegen Eigendoping im Sport durch die Ath-
leten, das im Gegensatz zum Verbreiten von Dopingmitteln
(§ 6a Arzneimittelgesetz) bisher in Deutschland nicht bestraft
wird. Im Bereich des Berufs- und Leistungssports kann man
wettbewerbsverfälschende Manipulationen wie das Doping
durchaus als Angriff auf den freien Wettbewerb wie in der
Wirtschaft werten und damit so die Kriminalisierung legiti-
mieren (§§ 298, 299 StGB), da zudem die negativen Auswirkungen von Sportmanipulationen auf Spieler und Verbände
gravierend sein können. Fraglich ist jedoch, ob die sportliche
Betätigung ein allgemeines Rechtsgut der Gemeinschaft be-
trifft oder ein bloßes «Sportgut». Zudem ist jegliche Eigen-
schädigung des Körpers in Deutschland nicht strafbar (z. B.

durch Alkohol, Tablettenmissbrauch oder Risikosportarten). Deshalb wird auch hier über die Kriminalisierung gestritten. Die Bestimmung der Rechtsgüter und daraus resultierende Verhaltensverbote, bei denen das Strafrecht als stärkstes Eingriffsmittel zur Respektierung des geschützten Rechtsguts motivieren soll, basiert immer auf schwierigen Güter- und Interessenabwägungen. Ein strafrechtliches Verbot ist nur legitim, wenn es ein geeignetes, erforderliches und angemessenes Mittel ist, um ein in der Regel aus der Verfassung abzuleitendes und gegen andere abgewogenes Rechtsgut zu schützen. Dieser Ansatz wird von Roxin als kriminalpolitische Leitlinie für die Gesetzgebung auf die Formel gebracht: Rechtsgüter sind Gegebenheiten oder Zwecksetzungen, die dem Einzelnen und seiner freien Entfaltung im Rahmen eines auf dieser Zielvorstellung aufbauenden sozialen Gesamtsystems oder dem Funktionieren dieses Systems selbst nützlich sind. Das Bundesverfassungsgericht setzt den materiellen Verbrechensbegriff bei der Prüfung formell rechtmäßig zustande gekommener Straftatbestände auf ihre mögliche Verfassungswidrigkeit wie folgt ein (z. B. BVerfGE Band 92, S. 277 ff.):

- Verfolgung verfassungsrechtlich zulässiger Zwecke mit der Verhaltensnorm,
- Geeignetheit und Erforderlichkeit gerade der strafrechtlichen Verhaltenskontrollen,
- Angemessenheit des schärfsten staatlichen Mittels der Kriminalstrafe in Relation zur Gefährlichkeit des inkriminierten Verhaltens.

Die legitime und formell im StGB verankerte Strafnorm (formelles Verbrechen) ist Ausgangspunkt jeder strafrechtlichen Kontrolle und Verfolgung. Aus der Strafdrohung folgt noch nicht die tatsächliche Bestrafung. Durch die gesetzliche Vorgabe bestimmter sozial schädlicher Verhaltensweisen (Straftatbestände) legt der Gesetzgeber fest, wo im Interesse von potentiellen Opfern und der Gemeinschaft staatliche Kontrolle erfolgt. Die Reaktion ist aber nicht auf die Strafe beschränkt. Reaktionsverzicht ist ebenso möglich wie Wiedergutmachung oder die Anordnung einer Maßregel der Besserung und Sicherung. Dies wird unten noch im Einzelnen dargelegt.

Welche besonderen Funktionen
hat die strafrechtliche Kontrolle?

Die strafrechtliche Kontrolle auf der Basis des staatlichen Gewaltmonopols ist ein wichtiger Baustein der Zivilgesellschaft, weil jeder Konflikt sich sonst in einer endlosen Kettenreaktion fortsetzen würde, wenn die Sanktion nicht den absoluten Schlusspunkt setzen würde. Ein Normensystem hätte ohne Sanktionen keinen Bestand. Die Sanktion wirkt weiteren Verstößen entgegen und unterbricht damit sonst mögliche Kettenreaktionen der Gewalt im Ansatz. Selbst für einen Alltagsfall ist dieser Mechanismus von Schmidhäuser eindrucksvoll beschrieben worden: Jemand kommt die Lust an, ein fremdes Fahrrad zu nehmen. Der Eigentümer erkennt beim Davonfahren den zu allem bereiten Dieb. Seine Anzeige wird von der Polizei als Privatangelegenheit abgetan, und seine materiell gewonnene Zivilklage setzt der Gerichtsvollzieher nicht durch. Also schnappt sich der Eigentümer eine Gruppe beherzter Männer, die das Fahrrad zurückholen; freilich besitzt er es nur so lange, bis der Dieb stärkere Bataillone aufbietet. Resigniert beschafft sich der Eigentümer schließlich selbst ein anderes fremdes Fahrrad und setzt eine neue Kriminalitätskette in Gang.

Dreh- und Angelpunkt des Strafrechts ist die Konfliktbegrenzung durch Isolierung der schwer sozial schädlichen Tat mit dem Instrument eines rechtsstaatlich gebundenen, aber mächtigen Gewaltmonopols. Gewaltfälle müssen also zu kontrollierten und isolierten Rechtsfällen werden (Luhmann). Der privaten Anmaßung des Täters wirkt sie ebenso entgegen wie privater Gegengewalt von Seiten der Verletzten. Denn für die Rechtsordnung sind Bürger, die einen Mörder lynchen, ebenso gefährlich wie dieser selbst. Nicht weniger bedeutsam ist das Strafverfahren für die formalisierte Emotionsverarbeitung in der Gesellschaft.

Das emotionale Erleben der Straftat beim Opfer und der Gesellschaft könnte Ausgangspunkt für eine effektiv-maßlose Stärke der Reaktion sein. Die Formalisierung wirkt der Gefahr entgegen, dass das Opfer in seiner ersten Emotion unberechenbar handelt, die Fassung verliert oder sich selbst vergisst und damit neue Gewaltakte heraufbeschwört. Formalisierung bringt doppelte Entlastung: Der Täter wird vor maßloser Rache des Opfers geschützt, das Opfer und die Gemeinschaft vor unabsehbaren, ihnen, bei Abstand betrachtet, selbst fremden Überreaktionen. Sie können darauf verzichten, weil ihnen die Instanzen der Strafrechtspflege die Bürde der Reaktion abnehmen. Der Zeitgewinn und die Distanzierung öffnen die Tür für eine eher rationale Konfliktverarbeitung. Der Straftat kann der gegenkommunikative Prozess gemacht werden.

Was ist Kriminalität?
Was, wen und wie bestraft das staatliche Strafrecht?

Die Kriminalität des Strafgesetzbuches hat trotz der grundsätzlich gleichen Voraussetzungen des materiellen Verbrechensbegriffs unterschiedlichen Charakter, erreicht verschiedene Schweregrade und weicht in den Konsequenzen für Opfer und Gemeinschaft ab. Auf der einen Seite der Skala stehen Normen, die für die meisten Menschen fast noch akzeptabel sind und jedenfalls nicht durchweg als strafbar angesehen werden. Die sogenannte Beförderungserschleichung nach § 265a StGB, also das bewusste Schwarzfahren, oder die Leistungserschleichung, das Besuchen einer Veranstaltung, ohne das ordnungsgemäße Eintrittsgeld zu entrichten, sind solche Straftaten im Grenzbereich strafrechtlicher Legitimation. Das Autofahren unter Alkoholeinfluss ab 1,1‰ aufwärts stellt eine Trunkenheitsfahrt nach § 316 StGB dar. Das Rauchen von Marihuana und Haschisch ist grundsätzlich nach dem Betäubungsmittelgesetz strafbar, das Trinken von Alkohol nicht. Steuerhinterziehung wird schon gemeinhin als Volkssport bezeichnet, ebenso der Versicherungsbetrug in Alltagsfällen. Das Mitnehmen kleinerer Büroartikel aus dem Büro des Arbeitgebers zum persönlichen Gebrauch stellt bereits Diebstahl oder Unterschlagung mit einer Strafdrohung bis zu fünf Jahre Freiheitsstrafe dar. Auf der schweren Seite geht es um Tötungsdelikte und Mord aus den verschiedenen Motiven.

Dass die leichteren Normen – zumindest in gewissen Altersphasen – nicht sehr ernst genommen werden, zeigt die empiri-

sche Forschung. Gerade im Jugendalter ist die Begehung einer
Straftat statistisch fast normal. Viele Kinder und Jugendliche (die
Strafmündigkeit beginnt mit der Vollendung des 14. Lebensjahres) begehen kleinere Diebstähle (meist im häuslichen Bereich
oder in Kaufhäusern), fahren schwarz, nehmen verbotene Sub-
stanzen zu sich, begehen leichte Körperverletzungen, Beleidigun-
gen, Sachbeschädigungen und Brandstiftungen. Bei den Älteren
verlagern sich diese Schwerpunkte in den Bereich des Straßen-
verkehrs und Berufsalltags sowie zu Steuerhinterziehung und
Versicherungsbetrug.

Sind wir also ein Volk von Kriminellen? Aufs Ganze und die
Vielzahl krimineller Anreizsituationen gesehen, sicher nicht,
aber die verschwimmenden Grenzen zwischen den Verhaltensanforderungen durch das Strafrecht und den Vorstellungen von
Moral und Ethik werden deutlich. Es gibt nicht nur rechtstreue
Bürger und einige schwarze Schafe, sondern auch Graustufen im
Kontinuum des Verhaltens. Interessant ist, dass niemand etwas
mit «Kriminellen» zu tun haben will und Straftaten immer nur
von anderen begangen werden. Die negative Abgrenzung nimmt
dabei zum Teil drastische Formen an, und dies nicht nur bei Forderungen zur radikalen Bestrafung von extremen Gewalttätern
wie etwa beim Sexualmord an Kindern. Vergegenwärtigt man
sich zum Beispiel Äußerungen und Forderungen im Zusammenhang mit dem vor einiger Zeit geschehenen Fall des Autobahn-
rasers, der durch sein dichtes Auffahren mit dem 500 PS starken
Testwagen den Tod einer jungen Frau und ihres Kleinkindes verursacht hat, weil diese vor Angst das Steuer verriss und die Gewalt über ihren Wagen verlor, könnte man den Eindruck gewin-
nen, ein solches Verhalten zeige sich nur bei einigen wenigen
Rücksichtslosen, die man nun hart bestrafen und aus dem Verkehr ziehen müsse. Leider ist das Problem größer, denn der Blick
auf den «normalen» Autobahnbetrieb ergibt eine weitaus größere Verbreitung von Gefährdung und Rücksichtslosigkeit. Das
typische Beklagen «der» Jugendkriminalität, einer Jugend, die
immer gewalttätiger und rücksichtsloser werde und deshalb hart
sanktioniert werden müsse, gilt immer nur, solange nicht die
eigenen Kinder als Täter in das Geschehen verwickelt sind. Die

Emotionalität, mit der nicht persönlich betroffene Menschen harsche Sanktionen gegen Straftäter fordern, ist bekannt. Die Ächtung häuslicher Gewalt ist dagegen weit weniger verbreitet: Dieselbe Gewalttat, begangen von einem Fremden oder innerhalb der eigenen Familie, löst höchst unterschiedliche Reaktionen aus – hier Forderungen nach härtester Bestrafung, dort Gleichgültigkeit. Ebenso frappierend ist die in Bevölkerung und Strafjustiz unterschiedliche Bewertung von Eigentumsdelikten und Wirtschaftskriminalität: Der einzelne Diebstahl wird konsequent strafrechtlich verfolgt, bei jahrelang begangenen Untreue- und Korruptionsdelikten mit Millionenschäden für die Gesellschaft (vor allem den Steuerzahler) ist die Strafverfolgung jedoch häufig lasch: Die Delikte sind schwer nachweisbar, die Masse der Einzeltaten lässt sich kaum rückhaltlos aufklären, und die Sozialschädlichkeit ist nicht immer leicht erkennbar, so dass die Täter gute Chancen haben, mit einer Verfahrenseinstellung oder einer relativ milden Sanktion davonzukommen. Auf die unterschiedlich hohe Sozialschädlichkeit der Taten wird weder in der Öffentlichkeit noch mit einer angemessenen Organisation der Strafverfolgung reagiert.

Wie misst man Kriminalität?

Die Bedeutung der Polizeilichen Kriminalstatistik

Die Kriminalitätswirklichkeit in Deutschland exakt zu erfassen, ist wegen verschiedener Erkenntnislücken und Unsicherheiten unmöglich. Gleichwohl interessiert Öffentlichkeit wie Strafverfolgungsbehörden und Wissenschaft Umfang, Struktur und Entwicklung der Kriminalität. Die wichtigste Erkenntnisquelle ist die Polizeiliche Kriminalstatistik (PKS). Sie wird seit 1953 jährlich vom Bundeskriminalamt herausgegeben und fasst Informationen zum Kriminalitätsgeschehen in Deutschland zusammen, das von den einzelnen Polizeidienststellen als Arbeitsanfall bei der Strafverfolgung aufgezeichnet und von den Landeskriminalämtern zusammengefasst und zur Verfügung gestellt wird.

In der PKS werden alle der in einem bestimmten Jahr der Polizei bekannt gewordenen Straftaten (Vollendung und Versuch) mit Ausnahme der Verkehrs- und Staatsschutzdelikte sowie landesgesetzlichen Strafbestimmungen und die Tatverdächtigen nach Zahl, Alter, Geschlecht u. a. in dem genannten Kriminalitätsbereich erfasst. Außerhalb der Betrachtung der Verbrechenswirklichkeit bleibt danach das große «Dunkelfeld» (s. u.) der nicht entdeckten, nicht angezeigten oder sonst ohne die Polizei geregelten und damit nicht registrierten Straftaten und Straftäter. Dennoch ist die PKS die statistische Quelle der Kriminalität, die der Verbrechenswirklichkeit als «Außenposten» der Strafverfolgung am nächsten ist. Die weiteren zugänglichen statistischen Quellen der Strafverfolgungsstatistik zu den vor Gerichten abgeurteilten Taten und Tätern sowie die Strafvollzugs- und Bewährungshilfestatistik sind weiter vom Kriminalitätsgeschehen entfernt und vor allem stark durch die normativen Entscheidungen (Selektion der schweren Taten und gefährlichen Straftäter) beeinflusst. Neben der Beschränkung auf die registrierte Kriminalität können bei der PKS Tendenzen zu einer

«Dramatisierung» der Taten beim ersten polizeilichen Ermitt-
lungszugriff gegenüber der späteren gerichtlichen Beurteilung
beobachtet werden (z. B. versuchter Totschlag gegenüber Körperverletzung). Trotzdem bildet die PKS ein verlässliches Bild
der Verbrechenswirklichkeit vor allem bei der schweren Kriminalität ab, wo das Anzeigeverhalten eine geringere Rolle spielt.

Die PKS enthält vor allem absolute Zahlen zu den Delikten
und Tätern sowie die Häufigkeitszahlen (spezifische Fälle pro
100 000 Einwohner) und die Aufklärungsquote. Damit lassen
sich recht brauchbare Analysen hinsichtlich der Deliktsverteilung der spezifischen Tätergruppen sowie von Langzeitentwick-
lungen vornehmen.

Umfang, Struktur und Entwicklung
der Kriminalität nach der PKS

2004 wurden in der Bundesrepublik 6 633 156 Straftaten in der
PKS erfasst. 1963 waren dies noch (allerdings ausschließlich für
die alten Bundesländer) 1 678 740 Taten, woraus zumindest der
immense Anstieg polizeilicher Arbeit abzulesen ist. Dabei ist zu
berücksichtigen, dass die erhebliche Anzahl von Straßenverkehrsdelikten (die Zahl kann auf Grundlage der Strafverfolgungsstatistik nur geschätzt werden: etwa 1,6 Millionen Ver-
kehrsdelikte) in der PKS überhaupt nicht erfasst ist.

Die PKS gibt weiter die Aufklärungsquote an, die für alle in
der Statistik erfassten Straftaten 2004 bei 54,2% lag. Es wurden
also von den über 6,5 Mio. erfassten Straftaten lediglich rund
3,5 Mio. aufgeklärt. Die Aufklärungsquote ist bei den einzelnen
Delikten höchst unterschiedlich und hängt von Ermittlungs-
kapazitäten, -aufwand, Anzeigeverhalten und spezifischen De-
liktsstrukturen ab. So liegt die Aufklärungsquote bei Mord und
Totschlag bei über 96%, bei Wohnungseinbruchsdiebstahl dagegen nur bei 19%. Als aufgeklärt gilt eine Tat dann, wenn nach
dem polizeilichen Ermittlungsergebnis ein mindestens nament-
lich bekannter oder auf frischer Tat betroffener Tatverdächtiger
aufgrund ausreichender tatsächlicher Anhaltspunkte festgestellt
worden ist. Auf die späteren justitiellen Feststellungen zur Straf-

tat kommt es in dieser Statistik also nicht an. Erfasst werden von
der Polizei somit auch Personen, die rechtswidrige Taten begangen haben, strafrechtlich aber nicht zur Verantwortung gezogen
werden können, z. B. strafunmündige Kinder oder schuldunfä-
hige (z. B. psychisch kranke oder erheblich alkoholisierte) Menschen.

2004 wurden bei den über 6,5 Mio. Straftaten 2 384 268 Tatverdächtige registriert. Diese Zahl liegt deshalb deutlich geringer als die Zahl erfasster Taten, weil zum einen, wie gezeigt, nur
etwas mehr als die Hälfte der Taten aufgeklärt werden und ein
Täter, der mehrere Taten begangen hat, nur einmal gezählt wird
(Echttäterzählung bei Mehrfachtätern).

Altersgruppe	insgesamt	Verteilung in %	männlich in %	weiblich in %
Kinder	126 358	5,4	71,7	28,3
Bis unter 6	1457	0,1	76,3	23,7
6 bis unter 8	3923	0,2	79,9	20,1
8 bis unter 10	10 887	0,5	80,0	20,0
10 bis unter 12	30 505	1,3	75,7	24,3
12 bis unter 14	79 586	3,4	68,6	31,4
Jugendliche	293 907	12,5	74,2	25,8
14 bis unter 16	140 155	6,0	70,3	29,7
16 bis unter 18	153 752	6,5	77,8	22,2
Heranwachsende				
(18 bis unter 21)	247 456	10,5	80,0	20,0
Erwachsene	1 687 440	71,6	76,6	23,4
21 bis unter 23	150 290	6,4	79,7	20,3
23 bis unter 25	129 343	5,5	79,7	20,3
25 bis unter 30	256 718	10,9	79,0	21,0
30 bis unter 40	475 699	20,2	77,6	22,4
40 bis unter 50	344 233	14,6	75,6	24,4
50 bis unter 60	183 906	7,8	74,0	26,0
60 und älter	147 251	6,3	69,2	30,8
Tatverdächtige insgesamt	2 355 161	100	76,4	23,6

*Grafik 4: Tatverdächtige insgesamt – nach Alter und Geschlecht
(Quelle: PKS 2003, Seite 74)*

Altersgruppe	insgesamt	männlich	weiblich
Kinder	2147	2965	1286
8 bis unter 10	600	934	247
10 bis unter 12	1607	2364	811
12 bis unter 14	3908	5180	2568
Jugendliche	7102	10161	3881
14 bis unter 16	6775	9169	4247
16 bis unter 18	7442	11196	3502
Heranwachsende			
(18 bis unter 21)	7717	12046	3179
Erwachsene	2135	3395	985
21 bis unter 23	6410	10057	2629
23 bis unter 25	5437	8490	2266
25 bis unter 30	4132	6378	1809
30 bis unter 40	2849	4278	1363
40 bis unter 50	2383	3543	1194
50 bis unter 60	1732	2579	891
60 und älter	699	1151	373
Tatverdächtige			
insgesamt	2584	4051	1214

Grafik 5: Tatverdächtigenbelastungszahl (insgesamt, nach Alter und Geschlecht)
(Quelle: PKS 2003, Seite 99)

Ausländer und Zuwanderung

Die Frage nach «Ausländerkriminalität» ist politisch umstritten, wird polemisiert und von den Medien bevorzugt skandalisierend aufgegriffen. Empirische Forschung ist noch immer selten und beschränkt sich dann häufig auf den – wenngleich sehr wichtigen – Bereich Jugend und Schule. Man weiß deshalb zu wenig über die Kriminalität der erwachsenen Ausländer und Migranten, auch verborgene Bereiche der familiären Gewalt, des Menschenhandels und die Betätigungsfelder der gewaltgeprägten organisierten Kriminalität sind wenig erforscht. Auf Opfer wird man selten aufmerksam, zurzeit etwa auf die Problematik der falsch sogenannten Ehrenmorde in türkischen und kurdischen Milieus oder schlaglichtartig auf Menschenhandel in der Prostituiertenszene.

Jahr	insgesamt	Kinder	Jugendliche	Heran-wachsende	Erwachsene
1984	1985	1364	3659	4201	1729
1985	2013	1251	3566	4249	1794
1986	2010	1200	3484	4278	1809
1987	1971	1186	3477	4228	1781
1988	1948	1085	3478	4094	1784
1989	1959	1149	3756	4120	1797
1990	1980	1241	4377	4366	1791
1991	1936	1257	4325	4475	1753
1992	1951	1296	4586	4677	1760
1993	1998	1325	5163	5299	1765
1994	2086	1571	5683	5765	1807
1995	2212	1855	6431	6354	1863
1996	2312	2092	6881	6816	1910
1997	2382	2267	7094	6992	1948
1998	2449	2417	7288	7271	1986
1999	2399	2341	7226	7243	1932
2000	2444	2274	7258	7476	1975
2001	2461	2292	7416	7440	1980
2002	2525	2227	7332	7506	2060
2003	2584	2147	7102	7717	2135

* von 1984–1990: nur alte Bundesländer
* von 1991–1992: nur alte Bundesländer und Gesamtberlin
* von 1993 an: Erhebung für das gesamte Bundesgebiet

*Grafik 6: Entwicklung der Tatverdächtigenbelastungszahlen
deutscher Tatverdächtiger (Quelle: PKS 2003, S.99)*

Die PKS weist im Jahr 2004 einen Anteil von 22,9% Ausländern oder Nichtdeutschen als polizeilich ermittelte Tatverdächtige aus. Ob der Anteil tatsächlich die Realität und damit eine
deutliche Höherbelastung gegenüber einem seit Jahren ungefähr
bei 9% liegenden Anteil von Ausländern an der Bevölkerung
(ca. 7,4 Mio. Ausländer, darunter 26% Türken) widerspiegelt
oder ob Verzerrungen ein falsches Bild wiedergeben, ist umstritten. Der genaue Anteil der Ausländer an der Bevölkerung ist in
Wahrheit unbekannt, weil man nicht weiß, wie viele Illegale und
Touristen sich in Deutschland aufhalten; bei der Begehung von
Straftaten werden diese Personen jedoch erfasst. Es gibt weitere
Verzerrungsfaktoren (hoher Anteil junger männlicher Personen,

mehr Großstadtbewohner, Verstöße gegen das Ausländerrecht u. a. m.) und Mutmaßungen über höhere Anzeigequoten und Selektionsmechanismen bei der Strafverfolgung gegenüber Ausländern. Die Verurteiltenstatistik weist jedoch ebenfalls deutlich erhöhte Zahlen aus: 2003 wurden 24,2% Ausländer verurteilt. Gerade die jungen (männlichen) Ausländer unter 25 Jahren weisen besonders hohe Werte auf: allgemein 32,6%, bei Straftaten gegen die Person 40,4% (gegenüber 23,1%, wenn Ausländer aller Altersgruppen erfasst werden). Schaut man ausgewählte Deliktsgruppen an, werden Ausländer bei sexueller Nötigung und Vergewaltigung zu 33,9% verurteilt, bei Mord und Totschlag zu 34,9% (bzw. 28,1% der unter 25-Jährigen), bei Körperverletzungen einschließlich schwerer und gefährlicher Körperverletzung zu 24,8% (bzw. 47,1% der unter 25-Jährigen), bei Raub und räuberischer Erpressung zu 33% (bzw. 72,4% der unter 25-Jährigen), auch Drogenstraftaten spielen eine nicht geringe Rolle: 23,4% (bzw. 44,2% der unter 25-Jährigen). Wegen Verstößen gegen das Ausländergesetz werden 86,7% Ausländer verurteilt, hier ist der Anteil der unter 25-Jährigen geringer mit 19,8%. Bei einem Bevölkerungsanteil, der offiziell bei 9%, in Wahrheit vielleicht darüber liegt, sind das deutliche Höherbelastungen, die zumindest ein Problem anzeigen, das auch in Dunkelfelduntersuchungen deutlich wird. Junge männliche Migranten mit schlechter Ausbildung haben Schwierigkeiten, sich zu integrieren und legale Chancen zu ergreifen. Diese Problematik zeigen aber nicht nur junge Nichtdeutsche, sondern in ebenso starkem Maße eingebürgerte Ausländer mit entsprechendem Sozialstatus sowie die jungen männlichen Spätaussiedler mit deutschem Pass. Beide Gruppen sind insbesondere auffällig bei Gewalt- und Drogendelikten, zeigen problematische männlichkeitsbetonte Verhaltensweisen und sind deshalb auch bei Gewalt und Problemverhalten in der Schule auffällig. Hinzu kommen regelmäßig Sprach- und Bildungsdefizite, nicht selten ein Rückzug in die eigene Ethnie (man fühlt sich als «Russe» oder Türke und grenzt sich in Gruppen ab) und die Ablehnung von Integration. Amerikanische und europäische Crime Surveys zeigen übereinstimmend eine Überrepräsentierung von jungen Einwanderern mit Kriminalität, so dass Vermutungen über Diskriminierungen von Migranten durch Polizei und Justiz nicht überbewertet werden dürfen. Dringlich sind dagegen ernsthafte Bemühungen um Integration, weil die Daten sehr deutlich das Zusammentreffen von Kriminalität mit einer Vielzahl sozialer Probleme aufzeigen.

Strafverfolgungsstatistik

Justizstatistiken werden jährlich vom Statistischen Bundesamt herausgegeben. Kriminologisch bedeutsam ist insbesondere die Strafverfolgungsstatistik, die Angaben über die Aburteilungspraxis der Gerichte enthält. Man unterscheidet «Abgeurteilte» und «Verurteilte». Als «Abgeurteilte» werden solche Angeklagte bezeichnet, gegen die ein Strafbefehl erlassen oder das Hauptverfahren durch Urteil oder Einstellungsbeschluss rechtskräftig abgeschlossen worden ist. Verurteilte sind diejenigen unter den Abgeurteilten, gegen die eine strafrechtliche Sanktion nach Erwachsenen- oder Jugendstrafrecht verhängt worden ist. Für die neuen Länder liegen noch immer keine flächendeckenden Angaben vor.

Jahr	Abgeurteilte	Abgeurteilte[1] zusammen	Verurteilte Männer	Frauen
1970	738 141	643 285	558 948	84 337
1975	779 219	664 536	569 948	94 588
1980	928 906	732 481	621 393	111 088
1985	924 912	719 924	601 667	118 257
1990	878 305	692 363	578 556	113 807
1995	937 385	759 989	645 014	114 975
2000	908 261	732 733	608 319	124 414
2001	890 099	718 702	597 389	121 313
2002	893 005	719 751	597 761	121 990
2003	911 848	736 297	607 961	128 336

1 Früheres Bundesgebiet einschl. Berlin-West, seit 1995 einschl. Gesamt-Berlin; Flächendeckende Angaben für die neuen Länder liegen nicht vor.

Grafik 7: Abgeurteilte 2003 (Statistisches Bundesamt)

Die Zahlen der Strafverfolgungsstatistik und der PKS lassen sich nicht aufeinander beziehen. Zudem ist die Strafverfolgungsstatistik einerseits weiter als die PKS, weil sie auch Abgeurteilte von Straßenverkehrsdelikten erfasst, andererseits enger, weil nur von der Polizei aufgeklärte und von der Staatsanwaltschaft angeklagte Taten enthalten sind.

Die im Dunkeln sieht man nicht!?
Kriminologische Forschung zur Erhellung
des Dunkelfeldes der Kriminalität

Wie bereits dargelegt, erfasst die PKS nur einen Teil der Kriminalitätswirklichkeit. Welche Taten der Polizei bekannt werden, hängt wesentlich vom Anzeigeverhalten der Betroffenen ab, da eigene Ermittlungsaktivitäten der Polizei höchstens bei einem von zehn Kriminalfällen erfolgen. Das Anzeigeverhalten unterliegt verschiedenen Motivationen, ebenso bestimmen personelle Kapazitäten der Polizei über die Aufnahme strafrechtlicher Ermittlungen. Ein Vergleich jährlicher Statistiken ist deshalb sehr ungenau. Veränderungen der registrierten Kriminalität können auf einem tatsächlichen Anstieg beruhen, aber auch auf verändertem Anzeigeverhalten oder auf gesteigerter Sensibilität der Strafverfolgungsbehörden, etwa die Bildung von Sonderdezernaten für Kinderpornografie: 2003 stieg zum Beispiel die Erfassung der Kinderpornografie um 43 %, 2004 um weitere 68 %. Hier ist von einer Aufhellung des Dunkelfeldes auszugehen, das reale Straftatenaufkommen ist nicht bekannt.

Die große Unbekannte der Kriminalitätswirklichkeit ist das Dunkelfeld. Darunter versteht man die Gesamtheit aller begangenen, den Strafverfolgungsbehörden aber nicht zur Kenntnis gelangten Straftaten. Das Dunkelfeld kann weder exakt bestimmt noch geschätzt werden. Allenfalls kann es partiell durch kriminologische Dunkelfelduntersuchungen erhellt werden, was den einen oder anderen Lichtstrahl ins Dunkel mancher Deliktsbereiche ermöglicht. Eine generelle Hochrechnung verbietet sich aufgrund der Unterschiede der Delikte. Auch spezifische Hochrechnungen sind mit Unsicherheiten behaftet. Selbst bei den besonders beachteten und auffälligen Tötungsdelikten ist die genaue Abbildung der Verbrechenswirklichkeit schwierig. So konnte eine fundierte bundesweite Dunkelfelduntersuchung bei Tötungsdelikten durch rechtsmedizinische Institute ein Dunkelfeld zeigen, das mindestens 1,2-mal so groß ist wie die jährlich bekannt gewordenen und erfassten Fälle. Das ist auch vor dem Hintergrund der immer hohen großen Aufklärungsquote (96,1% im Jahr 2004) sehr interessant. Man hat Obduktionen vorgenommen, die sonst entfallen wären, und viele Fehlerquellen, etwa ärztliche Kunstfehler, Suizide, Unfälle, aber eben auch fahrlässige und vorsätzliche Tötungen, entdeckt. Nicht möglich ist es mit dieser sorgfältigen Methode jedoch abzuschätzen, wie viele der jährlich verschwundenen und als vermisst gemeldeten Personen einem Verbrechen zum Opfer gefallen sind und wie viele Personen aus Kreisen der gewaltorientierten organisierten Kriminalität getötet werden, wenn man keine Leichen findet. Auch unentdeckte Gifte und Tötungsarten, die mit Obduktionen nicht entlarvt werden, müssen hinzugerechnet werden. Dunkelfeldstudien sind eine wichtige Erkenntnisquelle zur Korrektur des offiziellen Kriminalitätslagebildes durch die PKS. In ihrer Gesamtheit geben sie zwar noch kein der PKS vergleichbares repräsentatives Bild der Realität wieder, sie vermitteln aber wichtige Erkenntnisse zum Verständnis der Kriminalitätsentstehung, zur sozialen Kontrolle und zur Prävention.

Das Dunkelfeld kann man als das «Reservoir» der nicht polizeilich registrierten Straftaten betrachten, das je nach verfügbaren und eingesetzten Ermittlungskräften, den technischen Möglichkeiten und den ausgewählten Schwerpunkten in unterschiedlicher Form ausgeschöpft werden kann. Insgesamt ist es jedoch so groß, dass es niemals leer geschöpft werden kann. Soziologen sehen in der «Prävention des Nichtwissens» (Popitz) ein segensreiches Mittel dagegen, dass sich das Strafrecht sozusagen zu Tode sanktioniert. Seit den ersten Wahrnehmungen und Schätzungen zum Dunkelfeld durch Kriminalstatistiker des 19. Jahrhunderts geht man davon aus, dass das Ausmaß des Dunkelfelds das Hellfeld übersteigt. Die kriminologische Dunkelfeldforschung mit sozialwissenschaftlichen Methoden begann vor etwa 50 Jahren und hat heute eine große Bedeutung für das wissenschaftliche Selbstverständnis der Kriminologie, Erkenntnisse zur Verbrechenswirklichkeit zu erlangen, sowie für kriminalpolitische Entscheidungen.

Die gebräuchlichen Methoden zur Aufhellung des Dunkelfelds sind möglichst repräsentative anonyme Täterbefragungen (Haben Sie im letzten Jahr eine Straftat begangen, die nicht registriert wurde?) oder entsprechende Untersuchungen bei Opfern und Informanten (Waren Sie Opfer oder Zeuge einer Straftat?). Möglich sind auch Experimente mit teilnehmender Beobachtung (Wird ein für Passanten offen ausgeführtes Delikt, z. B. ein Ladendiebstahl im Kaufhaus, angezeigt, oder schaut man weg?). Schon die ersten Täterbefragungen zeigten eine wesentlich stärkere Verbreitung der Alltagskriminalität sowohl hinsichtlich der absoluten Zahlen als auch der daran beteiligten Tätergruppen. Breit angelegte Opferbefragungen (Crime Surveys) bestätigten die Ergebnisse und zeigten darüber hinaus, dass der Umfang des Dunkelfelds, d. h. die Ausschöpfung der Reservoirs, im Wesentlichen vom Anzeigeverhalten der Bevölkerung abhängt. Eine hohe Bedeutung kommt dabei auch Subsystemen der sozialen Kontrolle zu, die Kriminalität in ihrem Bereich zwar sanktionieren, nicht aber der staatlichen Strafverfolgung zuführen wie bei der Betriebsjustiz, Sportgerichtsbarkeit und beim Ladendiebstahl.

Das Anzeigeverhalten wird durch folgende Faktoren bestimmt:

* Anzeigequoten (11–50%, deliktsspezifische Unterschiede, höher bei Eigentumsdelikten)
* Anzeigebereitschaft (alters-, schicht- und deliktsspezifisch verschieden)
* Motive zur Nichtanzeige (geringfügiger Schaden/Deliktsschwere; vermeintliche Ineffektivität der Behörden, individuelle Gründe)
* Motive zur Anzeige (Schadensersatz (74%), Anerkennung als Opfer (Genugtuung, Respekt) und Hilfe in akuter Notsituation, Einwirken auf den Täter: Verdeutlichen des Unrechts, Vermeiden von Wiederholung, selten Bestrafungsbedürfnis)

- Anzeigeverhalten ist einem Wandel unterworfen (Zunahme des Versicherungsschutzes, Abnahme der «Toleranz», vermutet werden Rückkopplungsmechanismen zwischen Entwicklung der polizeilichen Aufklärungsrate und der Anzeigebereitschaft)

Die sog. Dunkelziffer, d. h. die Relation von registrierter Kriminalität (PKS) und dem Dunkelfeld, lässt sich vor allem Opferbefragungen entnehmen, die, regional begrenzt, die von Opfern genannten Delikte mit den offiziell bekannt gewordenen vergleichen. Der Kriminologe Schwind hat hierzu Pionierarbeit in Deutschland geleistet und ist für verschiedene Städte und Zeiträume zu folgenden Ergebnissen bei der Dunkelzifferrelation gelangt.

Ort/Unter-suchungs-zeitraum	Stichprobe bezogen auf die Gesamtbevöl-kerung der jeweiligen Stadt	Dunkelzifferrelationen Wahrscheinlichster Wert		
		«einfacher Diebstahl» (ohne Waren-hausdiebstahl)	«schwerer Diebstahl»	Vorsätzliche Körper-verletzung
Göttingen (1973)	1,0 %	1 : 15	1 : 2	1 : 8
Bochum I (1975)	0,5 %	1 : 6	1 : 2	1 : 7
Solingen (1982)	1,0 %	1 : 3	1 : 1	1 : 5
Bochum II (1986)	0,5 %	1 : 8	1 : 1	1 : 6
Bochum III (1998)	0,5 %	1 : 8	1 : 2	1 : 3

nach: *Schwind/Fetchenhauer/Ahlborn/Weiß* 2001, 347.

Grafik 8: Dunkelzifferrelationen

Die Täterbefragungen sind vor allem unter dem Aspekt des Vergleichs der registrierten mit den nichtregistrierten Tätern interessant und beschäftigen die Kriminologie unter der Fragestellung, ob bestimmte Menschen, die Straftaten begehen, von der Registrierung verschont bleiben, obwohl sie nicht besser sind als die bekannt auffälligen und registrierten Täter. Findet also ein gewollter Selektionsprozess statt? Aus dieser Fragestellung entwickelte sich vor allem die Stigmatisierungstheorie.

In der Gesamtschau der heute vielfältigen kriminologischen Forschung zum Dunkelfeld zeigt sich zunächst, dass das Dun-

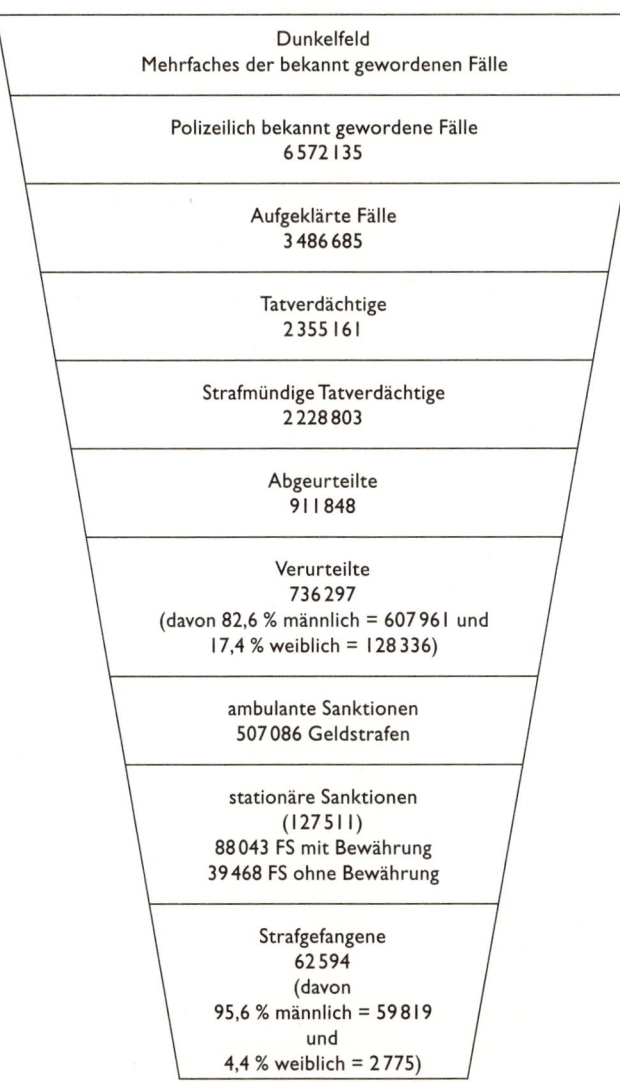

2003

Dunkelfeld
Mehrfaches der bekannt gewordenen Fälle

Polizeilich bekannt gewordene Fälle
6 572 135

Aufgeklärte Fälle
3 486 685

Tatverdächtige
2 355 161

Strafmündige Tatverdächtige
2 228 803

Abgeurteilte
911 848

Verurteilte
736 297
(davon 82,6 % männlich = 607 961 und
17,4 % weiblich = 128 336)

ambulante Sanktionen
507 086 Geldstrafen

stationäre Sanktionen
(127 511)
88 043 FS mit Bewährung
39 468 FS ohne Bewährung

Strafgefangene
62 594
(davon
95,6 % männlich = 59 819
und
4,4 % weiblich = 2 775)

Grafik 9: Trichtermodell der Strafrechtspflege

Straftaten(gruppen) (unvollständig)	insgesamt (100 %)
Mord und Totschlag	3051
Vergewaltigung und sex. Nötigung	6951
Raubdelikte	37572
Gefährliche und schwere Körperverletzung	143769
(Vorsätzliche leichte) Körperverletzung	257278
Diebstahl ohne erschwerende Umstände	621928
Diebstahl unter erschwerenden Umständen	127895
Betrug	390713
Widerstand gegen die Staatsgewalt und Straftaten gegen die öffentliche Ordnung	108694
Brandstiftung und Herbeiführen einer Brandgefahr	14202
Beleidigung	142319
Sachbeschädigung	175323
Rauschgiftdelikte (BtMG)	205962

Grafik 10: Altersstruktur der Tatverdächtigen in Deliktkategorien

kelfeld das Hellfeld deutlich überwiegt (3:1 bis 5:1) mit allerdings deliktsspezifisch sehr großen Unterschieden. Das Dunkelfeld wird zahlenmäßig vor allem durch Bagatellkriminalität und Jugendkriminalität bestimmt. In der Größenordnung gleich sind die Daten des Dunkelfeldes mit denen der PKS hinsichtlich der Alters-, Geschlechts- und Deliktsverteilung. Bei Tätern bedeutet Kriminalität keine Unterscheidung in Sünder und Heilige, sondern zeigt die vielen Graustufen an. Registrierte Täter sind jedenfalls auch im Dunkelfeld erheblich stärker belastet als nichtregistrierte. So relativiert sich der Vorwurf der Selektion. Schließlich ergibt sich aus der groß angelegten Untersuchung von über 20000 jungen Männern (Rekruten, fast 80% des gesamten Jahrgangs) in der Schweiz durch Killias, dass sich nichtregistrierte und registrierte Intensivtäter im Bereich der Gewalt- und Sexualkriminalität hinsichtlich ihrer erheblichen Persönlichkeitsstörungen und sonstigen sozialen Auffälligkeiten nicht unterscheiden. Das überraschende Ergebnis dieser Studie war ein Anteil von jeweils 60 Tätern schwerer Gewalt- und Sexual-

Kinder unter 14		Jugendliche 14 < 18		Heranwachsende 18 < 21		Erwachsene > = 21	
m	w	m	w	m	w	m	w
Anteil in %		Anteil in %		Anteil in %		Anteil in %	
0,3	0	5,5	0,9	9,7	1,2	72,4	10
1,4	0,1	10,3	0,2	10,1	0,1	77,1	0,7
6,1	1	26,1	3,4	17,6	1,2	40,8	3,8
4,4	1,1	16,6	3,6	14,6	1,3	50,6	7,7
2,8	0,7	9,1	2,5	8,3	1,3	64,7	10,7
7,6	4,2	11,6	6,3	6,6	2,3	41,2	20,1
6,1	1	23,9	2,4	15,9	1,2	44,5	5,1
0,5	0,3	4,5	2,4	7,9	3,3	59,2	22
2,5	0,9	11,4	3,1	11,7	2,2	56,4	11,8
18,1	3	12,6	2,3	5,7	1	43,6	13,8
1,4	0,6	6	2,4	6,2	1,8	60,4	21,2
10,8	1,7	24	2,6	13,4	1	40,2	6,3
0,6	0,2	13,7	2,4	21,1	2,7	52,4	7

(Quelle: PKS 2003, S. 88)

straftaten, die nicht entdeckt worden waren. Sie wiesen zudem erhebliche Persönlichkeitsstörungen auf. Die Entstehungsbedingungen der Kriminalität sind damit weiterhin entscheidende Faktoren krimineller Entwicklungen und nicht etwa die von außen erfolgte willkürliche Stigmatisierung bestimmter Personen.

Wie werden soziale Normen
für das friedliche Miteinander gelernt und gelebt?

Die beschränkte Wirkung des Rechts

Warum unterlassen es Menschen normalerweise, andere zu schädigen oder zu verletzen? Wohl nicht, weil sie an §§ 211, 212, 223, 224 & Co. im Strafgesetzbuch denken, sondern weil sie sich die dahinter stehenden kulturellen und gesellschaftlichen Werte im Zusammenleben angeeignet haben! Normen und Werte als Basis der Gemeinschaftsordnung werden von den Menschen gebildet und gelebt. Sie können nicht vom Staat verordnet und auf Dauer gegen den Willen der Menschen verteidigt werden. Laotse beschreibt das Verhältnis sehr anschaulich: «... wenn Güte verloren geht, herrscht Wohlwollen, wenn Wohlwollen verloren geht, herrscht Gerechtigkeit, wenn Gerechtigkeit verloren geht, herrscht die Vorschrift, die Vorschrift ist nur die Hülse von Treu und Glauben, der Beginn von Verwirrung.» Die verhaltensorientierten Aufgaben der Justiz stehen so in ganz enger und unmittelbarer Verbindung mit dem sozialen Normfundament. Ohne dessen Resonanzboden sind die Wirkungen beschränkt. Eine gelungene familiäre und in der Gemeinschaft fortwirkende und verstärkte Erziehung zu sozialer Verantwortung und Gefühl für andere ist so die beste Prävention gegenüber kriminellen Entwicklungen. Dabei darf man ruhig darauf setzen, dass evolutionsbiologische Begründungen der Moral die Lust an und die Befriedigung in Kommunikation, Nähe und Bindungen zu anderen als deren Urmotiv betrachten. Regeln geben der Gemeinschaft Verlässlichkeit.

Von der äußeren Kontrolle zur Selbstkontrolle

Regeln für das geordnete und friedliche Zusammenleben der Gemeinschaft sind zunächst nicht mehr als der nicht unmittelbar sichtbare symbolische Rahmen, der stets neu geschaffen, durchgesetzt und gelebt werden muss. Das gesellschaftliche Regelsystem besteht aus zwei Grundpfeilern: Die sozialen Normen bedürfen fortlaufend der externen sozialen Kontrolle zum Sichtbarwerden der Regeln. Die persönliche Aneignung der Normen führt zu der letztlich wirksamen inneren Kontrolle, die eine ständige äußere Kontrolle zur Normbeachtung überflüssig macht. In dieser Sicht ist die klare Kontur der äußeren Regel immer die erste und notwendige Voraussetzung für das Regellernen. Dabei kommt der Sanktion erhebliche Bedeutung zu, weil sie die Normen als äußere Ordnung sichtbar macht. Der Prozess der Sozialisation ist kompliziert. Das folgende Schaubild zeigt den Ablauf der Normverinnerlichung:

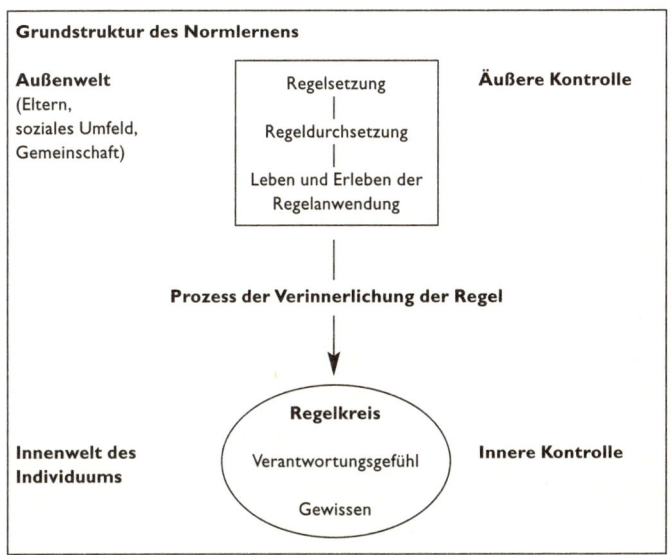

Grafik 11: Grundstruktur der Normlernens

Das Ziel der Normverinnerlichung ist erreicht, wenn der Adressat Sinn und Zweck der Norm erkannt hat, ihre Geltung anerkennt und sich selbst kontrolliert. Wichtige Grundbedingungen der Selbstkontrolle sind dabei die Ausbildung von Selbstreflexion, sozialer Verantwortung und in emotionaler Hinsicht Empathie.

Die Wirkungsebenen des Normlernens

Unterhalb der strafrechtlichen Sozialkontrolle existieren viele Teilsysteme sozialer Kontrolle, wie Familie, Schule, Kirche, Nachbarschaft, Betrieb und Sport, die alle durch Reaktionen auf abweichendes Verhalten die äußere Ordnung realisieren und so zur Normverinnerlichung beitragen. Die Effektivität der unterschiedlichen Teilbereiche ist umso höher, je früher das soziale Normlernen erfolgt und je intensiver der Personenbezug und die Zuwendung beim Normenlernen sind. Welch immense Bedeutung frühen Interventionen beim Normenlernen zukommt, zeigt das weltweit am besten und längsten (über 40 Jahre) evaluierte Präventionsprojekt der Perry-Preschool, wo eine 2-jährige tägliche verhaltensproblemorientierte Intervention bei 3–5-jährigen Kindergartenkindern signifikante Wirkungen bis über das 40. Lebensjahr hinaus zeigte (s. unten Kriminalprävention).

Die gestufte Effektivität der Einflussnahme lässt sich am besten mithilfe eines Pyramidenmodells erklären. Hier zeigt sich die zentrale Rolle, welche der Familie (Basissozialisation) und danach der Schule bei der normativen Sozialisation zukommt. Auch in der Schule begegnen sich Schüler und Lehrer – zumindest in den ersten Jahren – noch relativ intensiv. Natürlich kann die Schule die Rolle der Eltern und der engen familiären Umgebung nicht ersetzen. Sie ist aber immer noch besser geeignet zur erfolgreichen normativen Sozialisation als die erst später und mit weniger sozialer Nähe und intensivem Personenbezug wirkenden Institutionen oder das Recht.

Die Bedeutung des frühen und in emotionaler Nähe stattfindenden Normlernens für die Ausbildung sozialer Verantwor-

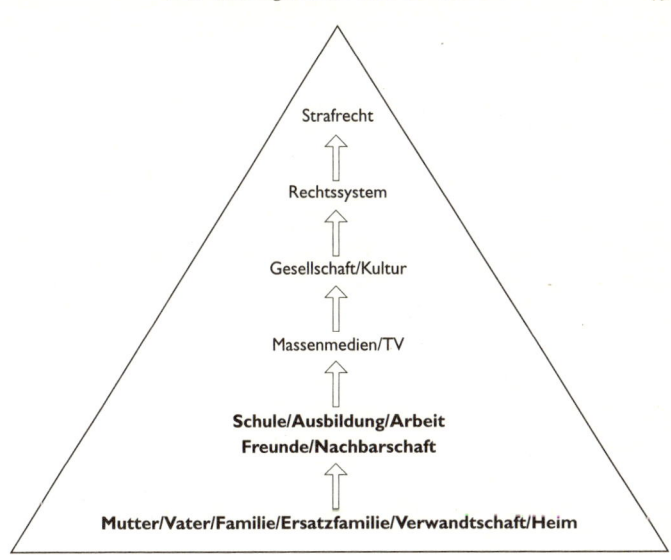

Grafik 12: Pyramide der sozialen Kontrolle

tung und damit verbundener Resistenz gegen kriminelle Entwicklungen findet aktuell eine beeindruckende empirische Be-
stätigung in der kriminologischen Forschung. Bei der Nachun-
tersuchung der groß angelegten Tübinger-Jungtäter-Vergleichs-
untersuchung durch den Tübinger Kriminologen Kerner stellte
sich heraus, dass die mit Abstand stärksten und signifikantesten
Korrelationen zwischen dem Ob und Wie der *Beaufsichtigung
(«Monitoring»)* der Kinder durch die Eltern, dem *konsequenten
und konsistenten Erziehungsstil* und der *emotionalen Bindung*
an die Familie bestehen. Nahezu die Hälfte der Varianz des
Unterschieds zwischen der kriminellen Untersuchungsgruppe
und der unauffälligen Vergleichsgruppe ist mit nur diesen drei
Faktoren zu erklären. Das ist ein selten in kriminologischen
Untersuchungen erreichtes Erklärungsgewicht für einzelne
Merkmale und ungewöhnlich, wenn man die Menge der in der
Sozialisation wirksamen Einzelfaktoren bedenkt. Die Ergeb-
nisse erhalten besonderes Gewicht, da die genannten drei Fakto-

ren offenbar bei der Ausprägung kriminellen Verhaltens über die Zeit- und Kulturgrenzen hinaus stabil bleiben – viel stärker als andere häufig genannte Kriminalitätsfaktoren wie der ökonomische Status der Familie, unzureichende Wohnverhältnisse oder Scheidung der Eltern. So zeigten sie sich schon in gleicher Stärke in den frühen Vergleichsuntersuchungen des Ehepaars Glueck seit 1930 und treten jetzt in einer aktuellen Verlaufsstudie zu kriminellen Entwicklungen in China ebenso hervor. Die Vermittlung von Einstellungen, die normkonformes Verhalten fördern, wird besonders gut erreicht durch einen religiösen Erziehungshintergrund und eine normorientierte Leistungsethik, wie aktuelle Studien der Heidelberger Kriminologen Dölling und Hermann sowie des KFN zeigen.

Die Bedeutung der Erziehung zur sozialen Verantwortung und Selbstkontrolle ist also offenkundig und erfordert die folgenden entscheidenden Erziehungsprinzipien.

Leitlinien der Erziehung zu sozialer Verantwortung und Selbstkontrolle

Nach Gottfredson und Hirschi (General Theory of Crime) entsteht Selbstkontrolle aus dem Zusammenspiel von angelegten Persönlichkeitsmerkmalen, die – wie z. B. Hyperaktivität und Impulsivität – schlechte Ausgangsbedingungen bilden können, und der Erziehung, die eine ungünstige Ausgangssituation kompensieren muss. Es sind allerdings verstärkte Erziehungsanforderungen notwendig, um den Mangel auszugleichen. Die kriminologische Forschung belegt den fatalen Kreislauf des Aufschaukelns von gegebenen, am Anfang noch sehr kleinen Störungen kindlichen Verhaltens zu riesigen sozialen Auffälligkeiten. Kinder, die zu Überaktivität und Zornausbrüchen neigen, treffen mit Eltern zusammen, die reizbar und ungeduldig sind und die nur eine schlechte Selbstkontrolle besitzen. Das Aufeinandertreffen eines temperamentmäßig schwierigen Kleinkindes mit ungünstigen, widrigen Erziehungspraktiken seiner Eltern leitet so einen Lebenslauf ein, in dem sich die Probleme aus Aktionen des Kindes und Reaktionen der Eltern negativ kumulieren. Häufig entsteht daraus aggressives Verhalten ohne Selbstkontrolle, das in Kindergarten und Schule Probleme macht und die Entwicklung zu sozialer Verantwortung erheblich beeinträchtigt. Da man die persönlichkeits- und insbesondere temperamentsgebundenen Ausgangsbedingungen nicht ändern kann, steht damit fest, dass die Erziehung das zentrale und entscheidende Mittel zur Ausbildung von Selbstkontrolle ist.

Dabei lassen sich klare Leitlinien für eine erfolgversprechende Erziehung zur sozialen Verantwortung angeben: Das kindliche Verhalten wird beaufsichtigt. Die Verbindung zwischen äußerer und innerer Kontrolle ist nirgends unmittelbarer und intensiver als im Fall elterlicher Beaufsichtigung des Kindes. Dazu gehört natürlich vor allem eine grundsätzlich akzeptierende, wohlwollende Haltung gegenüber dem Kind. Nur in einer solchen Atmosphäre sind Grenzziehungen persönlichkeitsfördernd. Abweichendes Verhalten wird erkannt und thematisiert und sodann isoliert und klar und deutlich sanktioniert. Die Strafe zielt aber auf das Verhalten und nicht auf die Abwertung der Persönlichkeit des Kindes.

Festzuhalten ist: Scharfe äußere Kontrolle mit feindlichen Tendenzen gegenüber dem Kind oder Jugendlichen bewirken keine Verinnerlichung der Werte, sondern eher das Gegenteil. Ganz entscheidend ist die akzeptierende Grundeinstellung. Sonst hält die Konformität nur so lange, wie eine Aufsichtsperson anwesend ist.

Freilich sind konstruktive Grenzsetzungen durch Sanktionen zur Bildung von Verantwortung nicht zu umgehen. Wer sich wirklich um das Wohl von Kindern und Jugendlichen sowie der Gemeinschaft sorgt, kommt um den Mut zur Konfrontation mit Fehlverhalten nicht herum. Wenn dies mit der erforderlichen akzeptierenden Grundeinstellung (klares Nein zum Verhalten, aber ein ebenso eindeutiges Ja zur Person) erfolgt, entwickelt sich daraus eher eine tragfähige Beziehung als bei einer Laisser-faire-Einstellung. Faire konfrontative Pädagogik ist gefragt, die in echtem Sinn die Kunst des Erziehens versucht: *Grenzen setzen und Normen verdeutlichen, ohne auszugrenzen.*

Auf der schulischen Ebene ist diese Struktur der konfrontativen Pädagogik Grundlage des erfolgreichsten Modells zur Gewaltprävention in dieser Institution. Das Mehrebenenkonzept nach Olweus (s. unten Kriminalprävention) sieht die Schule als Ort des Lernens gewaltfreier Regeln durch Thematisierung, Regeldurchsetzung und Opferunterstützung, wo jeder Verantwortung übernehmen muss. Auch für die Behandlung von aggressiven Intensivtätern hat Weidner ein verhaltensorientiertes Lernmodell des Anti-Aggressivitäts-/Coolness-Trainings entwickelt, bei dem Konfrontation mit dem Fehlverhalten und die Entwicklung von Empathie für die Opfer tragende Elemente sind. Ähnliche Behandlungskonzepte finden sich auch in Modellen des Jugendvollzugs wie der Glen Mills School in Philadelphia/USA oder dem in Baden-Württemberg gerade begonnenen Projekt Chance mit der besonderen Form der Zusammenarbeit zwischen Vollzug und Jugendhilfe in einer hervorragend ausgestatteten kleinen Einrichtung für insgesamt 15 Jugendliche mit allen denkbaren Hilfen, um die soziale Kompetenz und Selbstverantwortung der Gefangenen zu stärken. Es besteht die begründete Aussicht, selbst bei verfestigter Kriminalität durch konfrontatives Normlernen Besserung zu erreichen.

Prinzipiell ist auch das traditionell repressive und vergeltende Instrument des Strafrechts vor die schwierige und widersprüchliche Aufgabe gestellt, die mit der Sanktion verbundene Ausgrenzung zu vermeiden und die Weiche von vornherein in Richtung soziale Integration zu stellen. Gefragt sind hier neue Wege der sozialkonstruktiven Reaktion im Rahmen strafrechtlicher Kontrolle, wie sie sich sehr erfolgversprechend vor allem im Täter-Opfer-Ausgleich (s. u.) herausbilden.

Wie entsteht Kriminalität?

Seit den Anfängen der Kriminologie wird diese Wissenschaft beherrscht von einer Frage: «Wie entsteht Kriminalität» – bzw. konkreter gefragt: «Warum werden Menschen kriminell?»

Hinter dieser Frage steckte in den Anfangsjahren der Kriminologie der utopische Gedanke, wenn man nur die Ursachen der Kriminalität herausfinden würde, könnte man diese beseitigen und damit die Gesellschaften vom Übel der Kriminalität befreien.

Inzwischen gilt nicht nur als gesichert, dass jede Gesellschaft über ein bestimmtes Maß an Kriminalität verfügt. Die Kriminologie erforscht auch Opfer, Verfolgungsbehörden und Sanktionsinstanzen. Dennoch bleibt es eine wichtige Aufgabe, sich mit dem Täter zu beschäftigen. Nach wie vor gilt sowohl im Hinblick auf die Auswahl der Rechtsfolgen als auch gerade im Bereich der Prävention: Man muss wissen, weshalb Menschen straffällig werden, damit man sinnvoll eingreifen und vorbeugend tätig werden kann.

Theorien zur Ursachenerklärung und ihre Grenzen

Um zu erklären, wie Kriminalität entsteht, haben sich viele verschiedene Theorien, die sog. Kriminalitätstheorien, entwickelt. Sie alle nennen mindestens einen Faktor, der für die Entstehung von Kriminalität bedeutsam ist. Die verschiedenen Theorien lassen sich chronologisch nach ihrem Entstehungszeitpunkt ordnen, sie lassen sich nach ihrem Bezugspunkt – das Individuum oder die Gesellschaft – einteilen, und schließlich kann man sie auch nach ihrer Bezugswissenschaft – Biologie, Psychologie oder Soziologie – klassifizieren.

Vorweggenommen werden kann bereits eines: Es gibt nicht *die* allumfassende Theorie zur Kriminalitätsentstehung. Fast alle

Theorien haben damit zu kämpfen, nie alle möglichen Formen der Kriminalität erklären zu können und nachweislich immer auf Menschen zu treffen, die – obwohl sie nach der Theorie höchstwahrscheinlich kriminell sein müssten – es nicht sind.

Erst aus der Zusammenschau all jener Theorien, die hier nur stichpunktartig aufgeführt werden, wird sich eine Ahnung davon einstellen, wie viele verschiedene Faktoren möglicherweise für das kriminelle Verhalten eines Menschen von Bedeutung sind. Dabei ist es jedoch nicht so, dass das Vorliegen derartiger Faktoren zwingend Kriminalität auslöst. Vielmehr geht die Kriminologie von einem durch freie und verantwortliche Selbstbestimmung ausgezeichneten Menschenbild aus. Man kann sich bewusst zwischen Recht und Unrecht entscheiden, wenn man die Handlungsalternativen kennt und wenn die freie, rationale Willensentscheidung nicht ausnahmsweise durch bestimmte Faktoren beeinflusst, eingeschränkt oder ausgeschlossen wird. Bei dieser Entscheidung können rationale Erwägungen im Sinne einer Kosten-Nutzen-Analyse eine Rolle spielen. Dieser Aspekt der Entscheidung liegt etwa der Rational-Choice-Theory (Becker 1993) zugrunde.

Aus dieser Sicht ist kriminelles Handeln grundsätzlich eine freie und rationale Entscheidung, und die vielen verschiedenen Kriminalitätstheorien können als Erklärung für die Ausschaltung bzw. Beeinträchtigung der Rationalität menschlichen Verhaltens durch verschiedene Faktoren verstanden werden. Eine Erklärungsrichtung sieht vor allem biosoziale Ursachen als relevant an. Zunächst erscheinen Aussagen zur Erblichkeit von Kriminalität als weit hergeholt. Aber schon eine der ersten Kriminalitätstheorien in der Geschichte der Kriminologie vertrat einen biologischen Ansatz: Lombroso ging 1876 davon aus, Kriminelle seien an ihrem Äußeren erkennbar, und es gebe geborene Verbrecher. Auch heute finden sich – nicht nur an Stammtischen – Aussagen wie «Wie der Vater, so der Sohn» oder «Der Apfel fällt nicht weit vom Stamm», insbesondere, wenn Kriminalität in einer Familie gehäuft aufzutreten scheint. Also ist doch etwas dran an der These von kriminalitätsverursachenden Genen? In der ersten Hälfte des 20. Jahrhunderts gab es einige Untersuchungen zur «Erblichkeit» von Kriminalität. In den sog. Zwillingsstudien (z. B. Lange 1929) wurden Zwillingspaare untersucht, um herauszufinden, ob eineiige Zwillingspaare – die über identische Gene verfügen – eine höhere Übereinstimmung krimineller Lebensverläufe aufweisen als zweieiige Zwillingspaare. Ebenso wurden «Adoptionsstudien» durchgeführt, in denen ein größerer Zusammenhang zwischen der Kriminalität der adoptierten Söhne mit der Kriminalität der biologischen Väter als zwischen der Kriminalität der adoptierten Söhne und der Kriminalität ihrer Adoptivväter nachgewiesen wurde. Wenngleich diese Zusammenhänge in verschiedenen späteren Untersuchungen bestätigt wurden, wird nach wie vor bezweifelt, ob mit diesen Forschungsdesigns wirklich eine Beschränkung auf genetische Faktoren als Ursache von Kriminalität nachgewiesen ist.

Biologische Faktoren können nicht völlig unberücksichtigt bleiben. In allen Gesellschaften über alle Zeiten hinweg bilden stets die männlichen Jugendlichen zwischen 14 und 25 Jahren die kriminell aktivste Gruppe. Bei den meisten biosozialen Auffälligkeiten (Temperament z. B.) handelt es sich jedoch lediglich um ausgleichsfähige Prädispositionen, d. h. Veranlagungen, welche erst in Kumulation mit Erziehungsschwierigkeiten und dem Wirken von Verstärkungsmechanismen zur Kriminalität führen.

Persönlichkeitsmerkmale können Kriminalität begünstigen. Um nähere Aufklärung haben sich fast alle psychologischen Schulen bemüht. Diese Erklärungsansätze waren jedoch häufig von den jeweiligen Grundannahmen über die Persönlichkeit des Menschen (etwa dem psychoanalytischen Persönlichkeitsmodell) beeinflusst. Es gibt keinen bestimmenden Faktor in der Persönlichkeit eines Menschen, der zwangsläufig zu kriminellem Verhalten führt, jedoch Zusammenhänge. So hat etwa die Hallenser Angeklagtenstudie ergeben, dass Männer, die wegen schwerer Gewaltdelikte angeklagt waren, im Vergleich zur übrigen Bevölkerung weit öfter Persönlichkeitsstörungen aufweisen, unabhängig davon, ob diese Störungen gutachterlich untersucht worden waren.

Ebenfalls aus der Psychologie entstammen die Lerntheorien zur Erklärung von Kriminalität. Grundannahme ist hierbei, dass

Kriminalität wie jedes Verhalten erlernt ist und wieder verlernt werden kann. Dabei wirken verschiedene grundlegende Lernprozesse, wie etwa der Aufbau von Verhalten durch Belohnung und der Abbau von Verhalten durch Bestrafung.

Für den kriminologischen Bereich sind insbesondere die Theorie der differentiellen Assoziation (Sutherland/Cressey), die Theorie des sozialen Modelllernens (Bandura) und die Theorie der differentiellen Gelegenheiten von Bedeutung. Dabei wird das Lernen in der Gruppe betont, da kriminelles Verhalten besonders in Interaktion mit anderen Personen innerhalb eines Kommunikationsprozesses erlernt wird. Ob jemand kriminelles Verhalten erlernt, hängt von seiner Teilnahme an abweichenden oder normkonformen Lernmilieus ab.

Ein Mensch lernt weiter nicht nur durch eigene, direkte Erfahrungen der Belohnung oder Bestrafung, sondern eignet sich auch durch Beobachtungs- und Modelllernen Kenntnisse, Fertigkeiten, Wertvorstellungen und Verhaltensmuster an. Bandura hat dies insbesondere für das Lernen aggressiven Verhaltens dargelegt.

Die Kontroll- und Bindungstheorien haben die traditionelle Frage nach Ursachen von Kriminalität umgedreht und fragen danach, warum sich die Mehrzahl der Menschen sozial konform verhält und keine Straftaten begeht. Hier spielen die Bindungen an konforme Menschen, die man schätzt, schließlich zur Übernahme von Werten und Normen und damit zur Selbstkontrolle (siehe bereits oben).

Neben den Theorien, welche die entscheidenden Faktoren der Kriminalitätsentstehung in der Person des einzelnen Menschen sehen, gibt es eine ganze Reihe von Ansätzen, welche die Gesellschaft oder den Einfluss von Gruppen als bedeutsam ansehen. Zu nennen sind hier die Anomietheorien, die Subkulturtheorien und die 1957 von Sykes und Matza entwickelte Theorie der Neutralisierungstechniken. Danach werden Normbrüche erleichtert, wenn man zwar die Normen kennt, sein abweichendes, kriminelles Verhalten aber rechtfertigt und rationalisiert. Die Techniken der Neutralisierung können erlernt werden.

Weniger eine Kriminalitäts- als vielmehr eine Kriminalisierungstheorie sind die verschiedenen Ansätze des Labeling approach (Lemert/Becker/Sack), denn sie gehen von der hohen Bedeutung der gesellschaftlichen Reaktion auf abweichendes Verhalten für zukünftige Kriminalität aus. Deshalb stehen die Vorgänge und die Beteiligten im Prozess der strafrechtlichen Sozialkontrolle besonders im Blickpunkt dieser Theorie.

Ausgehend von dem Konzept des symbolischen Interaktionismus (G. H. Mead), wird Kriminalität als gesellschaftlicher Zuschreibungsprozess gesehen, der geprägt ist durch eine höhere Definitionsmacht der mit gesellschaftlicher Autorität ausgestatteten Strafverfolgungs- und Sanktionsinstanzen. Kriminalität ist keine dem Menschen anhaftende Eigenschaft, sondern eine Eigenschaft, die dem Individuum zugeschrieben wird, welches diese dann in das eigene Selbstbild integriert und sich im weiteren Verlauf diesem Fremd- und Selbstbild entsprechend kriminell verhält. Dabei geht insbesondere die deutsche Rezeption der Theorie davon aus, dass die Zuschreibungsprozesse auch an Schichtzugehörigkeit anknüpfen: Je niedriger die Schichtzugehörigkeit und je größer die familiären Problemlagen, desto größer sei die Wahrscheinlichkeit, von den Trägern der öffentlichen sozialen Kontrolle als abweichend bzw. kriminell definiert zu werden. Aus diesem Grund wird der Labeling approach auch als Etikettierungsansatz bezeichnet.

Das Hauptproblem vieler Theorien ist die Einseitigkeit der verschiedenen Ansätze. Trotz ihrer vielfachen Mängel und Schwächen haben die traditionellen Kriminalitätstheorien eine Fülle an Befunden geliefert, seien sie körperlicher, psychischer oder sozialer Art, die – wie auch immer – mit Straffälligkeit zusammenhängen. Diese Einseitigkeit wird erstmals von dem sog. Mehrfaktorenansatz zur Erklärung von Kriminalität überwunden. Es wurden viele große Untersuchungen durchgeführt, die erstmals ein genaues Bild davon ergaben, wodurch sich mehrfach delinquente Jugendliche von anderen, nichtkriminellen Jugendlichen unterscheiden. Wichtige Untersuchungen waren «Unraveling Juvenile Delinquency» (Ehepaar Glueck), die Cambridge Sommerville Youth Study (Powers/Witmer/McCord) und die Tübinger Jungtäter-Vergleichsuntersuchung (Göppinger). Die Ergebnisse unterscheiden sich nicht so sehr von denen, die heute als gesichert angesehen werden. Erstmals wurde hier nicht nur auf die Täterpersönlichkeit abgestellt, sondern auch auf die sozialen Bezüge, in denen der Täter lebt. Bereits hier wurde auf die Situation in der Familie, den Erziehungsstil der Eltern, das Verhalten in der Schule und in der Freizeit aufmerksam gemacht. Als in hohem Maße mit späterer Kriminalität zusammenhängend wurden folgende Faktoren genannt:

• aus dem Bereich der Herkunftsfamilie: Straffälligkeit eines Elternteils, Persönlichkeitsstörungen eines Elternteils, Heimaufenthalte des Kindes

• aus dem Erziehungsstil der Eltern: unzureichende Beaufsichtigung, wechselnder oder inkonsequenter Erziehungsstil, Gewaltanwendung und wenig Wertschätzung

• aus dem Schulbereich: schlechte Beurteilungen durch Lehrer, Unbeliebtheit bei Mitschülern, Lernschwierigkeiten, störendes und auffälliges Verhalten, Fernbleiben vom Unterricht, niedrige formale Bildungsqualifikation

• aus dem Freizeitbereich: unstrukturiertes Freizeitverhalten, Einbindung in Gruppen mit antisozialen Einstellungen und Begehung von Straftaten.

Neuere Untersuchungen zum Mehrfaktorenansatz betonen Modelle der Risiko- und Schutzfaktoren sowie dynamische Entwicklungen, die zeigen, dass kriminelle Entwicklungen auch abbrechen können, obwohl Risikofaktoren gehäuft vorhanden sind. Die Risikofaktoren (risk factors) sind mit dem gesamten Umfeld der Kinder und Jugendlichen verknüpft und tragen zu einer erhöhten Wahrscheinlichkeit des Auftretens von Gewalt und Kriminalität bei. Zu den Risikofaktoren im frühen Lebensalter zählen z. B. familiäre Disharmonie, Erziehungsdefizite, Multiproblemmilieu, untere soziale Schicht, genetische Faktoren, neurologische Schädigungen, Bindungsdefizite, schwieriges Temperament, Impulsivität, kognitive Defizite, Aufmerksamkeitsprobleme, Ablehnung durch Gleichaltrige, Anschluss an deviante Peergruppen, Probleme in der Schule, in Arbeit und Beruf. Es handelt sich keinesfalls um Kausalfaktoren für Kriminalität, das Vorliegen dieser genannten Risikofaktoren führt gerade nicht zwangsläufig zur Kriminalität. Interessant ist daher die Frage, warum viele der Kinder und Jugendlichen mit diesem Risikohintergrund *nicht* kriminell werden. Antwort hierauf gibt das Modell der Risiko- und *Schutz*faktoren. Die Schutzfaktoren (protective factors) wirken gegen das Auftreten von Delinquenz und Kriminalität und sind ebenfalls mit dem Umfeld des Individuums verbunden. Als besonders wichtig werden u. a. genannt: eine sichere Bindung an eine Bezugsperson (in Multiproblem-familien Verwandte, Lehrer, Übungsleiter oder andere Personen), emotionale Zuwendung und zugleich Kontrolle in der Erziehung und Bezügen zu nahe stehenden Erwachsenen, Erwachsene, die positive Vorbilder unter widrigen Umständen sind, soziale Unterstützung durch nichtdelinquente Personen, ein aktives Bewältigungsverhalten von Konflikten, Bindung an schulische Normen und Werte, Erfahrung der Selbstwirksamkeit bei nichtdelinquenten Aktivitäten (z. B. Sport oder sonstigen Hobbys), Planungsverhalten, Intelligenz und einfaches Temperament.

Eine wichtige Untersuchung ist die Studie «Delinquency in a birth cohort» (Wolfgang/Figlio-Sellin). Diese und andere Untersuchungen weisen auf den Unterschied zwischen Episodentätern und Intensivtätern hin. Zwar sind nur ca. 5–10% der Straftäter zu den Intensivtätern zu zählen, doch begehen diese über 50% der Straftaten. Innerhalb dieser dynamischen Perspektive haben sich ebenfalls verschiedene neue Kriminalitätstheorien entwickelt, wobei insbesondere die Lebenslauftheorien zu erwähnen sind.

Heute hat sich die Kriminologie von der Ansicht entfernt, es müsse möglich sein, «die» Ursache des Verbrechens herauszufinden; vielmehr können die Theorien stets nur einen Teilausschnitt der Kriminalität (in Bezug auf bestimmte Personengruppen und Delikte) erklären.

Erklärung einzelner Deliktsbereiche

Jugendkriminalität

Das Jugendstrafrecht setzt einen wichtigen zeitlichen Eckpunkt in der Entwicklung des Normenlernens: Gesteht man im deutschen Recht Kindern 14 Jahre lang einen Entwicklungs- und Schonraum zu, gelten mit dem vollendeten 14. Lebensjahr die Strafvorschriften der Erwachsenen mit den entsprechenden Verhaltensverboten. Das Jugendgerichtsgesetz (JGG) räumt Jugendlichen (14–17 Jahre) und auch Heranwachsenden (18–20 Jahre) eine gewisse Sonderstellung bei der Beurteilung der strafrechtlichen Verantwortlichkeit ein. Grundsätzlich gilt jedoch ab dem 14. Lebensjahr das Strafgesetzbuch (StGB) mit seinen materiellen Verbotsnormen. Es gibt also keine jugendstrafrechtlichen Sondernormen. Ob ein Raub oder ein Totschlag vorliegt, bestimmt sich nach dem StGB. Ob aber der Jugendliche oder Heranwachsende angeklagt wird und ob eine Verurteilung erfolgt, richtet sich nach den Sonderbestimmungen des Jugendstrafrechts. Dieses will der Übergangsphase zum Erwachsenwerden durch differenzierte Beurteilung der individuellen Entwicklung und damit der Verantwortlichkeit des jungen Menschen gerecht werden. Nach deutschem Strafrecht können danach Kinder unter 14 Jahren nie bestraft werden, auch wenn sie den Anschein erwecken, bewusst und gewollt gegen Normen zu verstoßen (z. B. Diebstahl); auch die Schwere einer Tat (die Tötung eines anderen durch einen 13-Jährigen etwa) ändert daran nichts. Bei gravierenden Verhaltensauffälligkeiten und deliktischem Verhalten von Kindern kann mit dem Kinder- und Jugendhilfegesetz (KJHG oder 8. Buch des Sozialgesetzbuches, SGB VIII) differenziert reagiert werden. Dabei spielen «Hilfen zur Erziehung» nach §§ 27 ff. SGB VIII eine Rolle, wenn eine dem Wohl des Kindes oder Jugendlichen entsprechende Erziehung nicht gewährleistet ist und die Hilfe für die Erziehung geeignet und notwendig ist.

Als Maßnahmen kommen konkret die Erziehungsberatung, die soziale Gruppenarbeit, die Bestellung eines Erziehungsbeistandes oder Betreuungshelfers, längerfristige sozialpädagogische Familienhilfe, Erziehung in einer Tagesgruppe, Unterbringung in einer Pflegefamilie, Heimerziehung oder Unterbringung in einer sonstigen betreuten Wohnform und die sozialpädagogische Einzelbetreuung etwa bei jugendlichen Drogenabhängigen oder Nichtsesshaften in Betracht.

Die jugendstrafrechtlichen Sanktionen bei über 14-Jährigen kommen nur zur Anwendung, wenn eine Straftat nach dem StGB vorliegt (nicht also, wenn bloß delinquente Verhaltensweisen wie Schuleschwänzen, gravierender Alkoholkonsum oder Prostitution Gefährdungen anzeigen) und der Jugendliche zur Zeit der Tat bereits reif genug ist, das Unrecht der Tat einzusehen und nach dieser Einsicht zu handeln (§ 3 JGG). Anders als im allgemeinen Strafrecht, wo bei Erwachsenen von der Schuld des Täters ausgegangen wird und nur das Vorliegen von Ausnahmefällen die Schuld ausschließt (§§ 20, 21 StGB), muss bei

Sanktionen im Jugendstrafrecht (Jugendgerichtsgesetz JGG) – Überblick	
Informeller Bereich	> Absehen von der Verfolgung § 45 JGG und Einstellung des Verfahrens durch den Richter § 47 JGG
Formeller Bereich	> § 5 JGG Folgen der Jugendstraftat
Erziehungsmaßregeln	§ 9 Weisungen, § 10 Hilfe zur Erziehung, § 12 >§§ 30, 34 KJHG
Zuchtmittel	§ 13 Verwarnung, § 14 Auflagen, § 15 Jugendarrest, § 16
Jugendstrafe	§ 17 Aussetzung zur Bewährung, § 21 Keine Aussetzung Aussetzung der Verhängung der Jugendstrafe, § 27

Grafik 13: Sanktionen im Jugendstrafrecht – Überblick

Sanktionen JGG

Erziehungsmaßregeln werden vom Jugendrichter aus Anlass der Straftat
angeordnet. Sie bezwecken nicht die Ahndung der Tat, sondern Erziehung
des Täters, d. h., dieser soll Verhaltensweisen erlernen, die ihm zukünftig
normkonformes Verhalten ermöglichen.

Zuchtmittel haben ahndenden Charakter und bestehen aus Verwarnung,
Auflagen und Jugendarrest. Sie zielen auf nicht sozialisationsgeschädigte
Jugendliche.

Jugendstrafe ist die schärfste Sanktion des Jugendstrafrechts und letztes
Mittel, da sie nur verhängt werden darf, wenn Erziehungsmaßregeln und
Zuchtmittel nicht mehr ausreichen. Die Mindestdauer beträgt sechs Mo-
nate, die Höchstdauer der Jugendstrafe bei Jugendlichen regelmäßig fünf
Jahre (in Ausnahmefällen zehn Jahre), bei Heranwachsenden zehn Jahre
(Ausnahme § 106 JGG).

Grafik 14: Sanktionen JGG

Jugendlichen die Schuldfähigkeit positiv festgestellt werden.
Erst dann kann das jugendstrafrechtliche Sanktionensystem angewandt werden. Dieses ist allerdings sehr viel differenzierter als
das Erwachsenenstrafrecht, das nur Geld- und Freiheitsstrafe als
Hauptsanktionen kennt. Bei jungen Tätern ermöglicht das JGG
ein auf soziale Integration zielendes dreigliedriges Rechtsfolgensystem aus Erziehungsmaßregeln, Zuchtmitteln und Jugendstrafe. Rechtsfolgen des allgemeinen Strafrechts gelten im Jugendstrafrecht nicht.

Die besondere Zielrichtung des Jugendstrafrechts mit seinen
Altersgrenzen und Sanktionsmöglichkeiten folgt Erkenntnissen
über weitgehende Normalität und Ubiquität der Jugendkriminalität. Die Forschungsergebnisse zeigen gesichert, dass es im
statistischen Sinn «normal» ist, wenn Jugendliche in ihrer Entwicklung eine oder mehrere weniger schwerwiegende Straftaten
begehen. Das Phänomen findet sich in allen gesellschaftlichen
Schichten und ist damit auch «ubiquitär». Zu präzisieren ist
allerdings, dass normal und ubiquitär nur die Begehung einiger
und leichter bis mittelschwerer Straftaten ist, die sich mit oder
ohne (strafrechtliche) Sanktion verliert. So verstanden, ist Nor-

Jugendkriminalität	
5–10 % Intensivtäter	90 % vorübergehende Erscheinung
Kontinuierliche Hinentwicklung zur kriminellen Karriere	Kriminalität im Rahmen der Persönlichkeitsreifung
Auffällig dissoziales Verhalten schon in früher Kindheit	Weitgehend intakte Lebensbereiche (Familie, Leistungsbereich, Beziehungen)
Problematisch sind die 5–10 % Intensiv- oder Mehrfachtäter, die für über die Hälfte der Kriminalität des Jahrgangs verantwortlich sind und schwerere wiederholte Taten mit ansteigender Deliktshäufigkeit begehen; soziale kumulierte Risikokonstellationen; gezielte Interventionen sind so früh wie möglich erforderlich.	Normal ist die einmalige oder gelegentliche Begehung leichterer Straftaten; die Täter werden selten erwischt; es handelt sich um ein vorübergehendes Phänomen im Entwicklungsprozess, nicht um dauerhaftes Verhalten; meistens verliert es sich von selbst.

Grafik 15: Intensiv- und Episodentäter

malität der Jugendkriminalität eine Übergangsphase des Erwachsenenwerdens, die Normübertretungen im Entwicklungsprozess, aus Übermut oder unter Gruppeneinfluss Gleichaltriger typischerweise mit sich bringt. Normal ist auch die Nichtentdeckung vieler dieser Taten. Sehr verbreitet sind das «Schwarzfahren», also strafrechtlich das Erschleichen von Leistungen, etwa die Beförderung durch ein Verkehrsmittel (§ 265a StGB), das Fahren ohne Fahrerlaubnis (§ 21 StVG), Ladendiebstahl (§ 242 StGB) oder leichte Verstöße gegen das Betäubungsmittelgesetz insbesondere durch Eigengebrauch von Haschisch (§ 29 BtmG). Unnormal und selten ist umgekehrt die wiederholte Begehung schwerer Straftaten. Diese zeigen die etwa bei 5 % eines Jahrgangs zu beobachtende Entwicklung zum Intensivtäter oder Mehrfachtäter an. Diese Problemgruppe der Jugendlichen ist nach internationalen Erkenntnissen für über die Hälfte der Kriminalität des gesamten Jahrgangs verantwortlich.

Gewaltkriminalität

Gewalt ist ein komplexes Phänomen. Unstreitig liegt Gewalt vor, wenn körperliche Verletzungen oder Todesfolgen nach vorsätzlichen Angriffen in den Blick genommen werden. Weniger eindeutig ist das bei psychischen Verletzungen, bei objektiv nicht sichtbaren Verletzungen, die vom Opfer subjektiv als Gewalt empfunden werden, und bei Formen struktureller Gewalt, die nicht zwingend konkrete Täter aufweisen.

Um den Rahmen hier nicht zu sprengen, soll auf die einschränkende Definition polizeilich registrierter Gewaltkriminalität verwiesen werden. Danach wird ein Kernbereich von Straftatbeständen zusammengefasst als Gewaltkriminalität: Mord, Totschlag, Tötung auf Verlangen, Vergewaltigung, sexuelle Nötigung, Raub, räuberische Erpressung, räuberischer Angriff auf Kraftfahrer, Körperverletzung mit Todesfolge, gefährliche und schwere Körperverletzung, erpresserischer Menschenraub, Geiselnahme und Angriff auf den Luft- und Seeverkehr. Damit sind nicht alle Taten erfasst, bei denen Gewalt angewandt wird.

2004 wurden 211 172 Delikte registriert, das sind 3,2% der gesamten registrierten Kriminalität. Nimmt man nur die vorsätzliche Körperverletzung (§ 223 StGB) ohne erschwerende Umstände hinzu, dann müssen 313 112 Fälle (4,8%) addiert werden, so dass zusammengenommen knapp 8% Gewaltdelikte offiziell registriert werden. Hier fehlen immer noch andere Fälle wie Nötigung, sexueller Kindesmissbrauch oder Sachbeschädigung, die man ebenfalls als Gewaltdelikte ansehen kann. Tötungsdelikte haben, absolut gesehen, einen relativ geringen Anteil mit 2480 Fällen (0,03% aller Fälle oder 1,2% aller Gewaltdelikte) und 2850 Opfern (darunter 1999 versuchte Fälle und 936 vollendete vorsätzliche Tötungen).

Im internationalen Vergleich ist seit Mitte des letzten Jahrhunderts ein Anstieg der meisten Kategorien der Gewaltkriminalität (auch der Eigentumskriminalität) in fast allen hoch entwickelten demokratischen Ländern festzustellen. Die Kriminalitätsraten der Länder England/Wales, Frankreich, Westdeutschland, Italien, Schweden und den Niederlanden sind von 1950 bis 1990 im Durchschnitt etwa um 4 % jährlich gewachsen. Daraus ergibt sich in vierzig Jahren fast eine Verfünffachung. Die Erklärung für diesen Anstieg ist nicht klar, vermutet werden etwa von dem Soziologen Thome aus Halle ein Verlust des Kollektivismus, gesellschaftlicher Strukturwandel und auf der Individualebene sinkende Selbstkontrolle und Handlungskompetenz.

Eigentums- und Vermögensdelikte

Nach der PKS sind über die Hälfte (58,8%) aller erfassten Delikte Eigentums- und Vermögensdelikte. Registriert wurden 2 961 030 Diebstahlsdelikte und 941 859 Betrugstaten. Verurteilt wurden lediglich 311 381 Personen. Unter dieser Sammelkategorie verbergen sich unterschiedliche Straftaten. Den Hauptanteil machen die Diebstahlsdelikte aus, die neben dem Grundtatbestand Strafzumessungsvorschriften und Qualifizierungen für besonders schwere Fälle und besonders gefährliche Formen des Diebstahls enthalten. Das 6. Strafrechtsreformgesetz vom 26. Januar 1998 hat etwa den Wohnungseinbruchsdiebstahl zu einer Qualifikation erhoben, um die Verletzung der Intimsphäre des Opfers, die zu ernsten psychischen Störungen beim Opfer führen kann, sowie die nicht selten mit Gewalttätigkeiten und Verwüstungen verbundene Tatausführung zu berücksichtigen. Es droht nun eine Strafe zwischen sechs Monaten und zehn Jahren. Im Jahr 2004 wurden in der PKS 124 155 Fälle registriert.

Nach einer speziellen Opferbefragung hielten sich 93 % der Opfer vor der Tat gern in ihrer Wohnung auf, nach der Tat nur noch ein Drittel. Die Angst vor einem erneuten Einbruch stieg von 27 % auf 87 %, und das Sicherheitsgefühl verschlechterte sich von vorher 9 % auf 56 %. Nicht wenige Personen greifen zu stärkeren Sicherheitsmaßnahmen oder ziehen um. Die technische Prävention (Sicherung der Objekte), verbunden mit aktiver Nachbarschaftshilfe und polizeilicher Kooperation, sind sehr wirksam, um Wohnungseinbrüche zu verhindern.

Einbruchsdiebstahl hat geringe Aufklärungsquoten, z. B. in Nordrhein-Westfalen etwa 10%. Fremde, die in die eigene Wohnung eingedrungen sind und in private Dinge geschaut haben, sind bedrohlich und nicht einzuschätzen: Warum wurde dieses Objekt gewählt, kommt der Täter wieder? Viele verbinden mit Wohnungseinbrüchen nächtliche Taten, obwohl die Zahl der Tageseinbrüche erheblich ist. Damit sind die Furchtfaktoren Fremdheit und Dunkelheit mitbestimmend für das nach der Tat andauernde Unsicherheitsgefühl.

Kriminalität ohne besondere soziale Auffälligkeit: Korruption, Wirtschafts- und Umweltkriminalität

Internationale Börsen- und Insiderskandale, Bilanzmanipulationen, Kapitalanlagebetrug und Zusammenbrüche am Neuen Markt, Betrug und Untreue in Serie mit Millionenschäden, Geldwäsche, Steuerstraftaten, Korruption sind Stichworte, die in den letzten Jahren mit Namen verbunden werden wie Enron, Infomatec und Häfele und Harlos, Comroad und Schnabel, Barings-Bank und Leeson, EM-TV und den Haffa-Brüdern, Biodata, Mannesmann/Vodafone und Ackermann, Esser und Zwickel, die Liste ließe sich fortsetzen. Weder Wirtschaftskriminalität noch organisierte Kriminalität sind im Strafgesetzbuch oder sonst gesetzlich bzw. allgemein anerkannt definiert. Der Gegenstand ist komplex, erfasst viele wirtschaftsbezogene Verhaltensweisen und verändert sich durch fortschreitende Internationalisierung und technischen Fortschritt ständig. Zu nennen sind nicht nur die Globalisierung und daraus folgende Marktveränderungen, sondern auch die Durchdringung des täglichen Lebens durch technische Neuerungen und elektronische Medien, die die Lebens- und Konsumgewohnheiten, Möglichkeiten der Kapitalanlage und Altersvorsorge umfassend verändern. Das Wirtschaftsstrafrecht ist in hohem Maße akzessorisch, nimmt also für die Strafdrohung auf Verbote und Gebote in außerstrafrechtlichen, z. B. wirtschaftsrechtlichen Gesetzen Bezug. So ist beispielsweise eine Embargoverletzung nach dem Außenwirtschaftsgesetz strafbar, eine Steuerstraftat nach der Abgabenordnung und eine Bilanzfälschung nach § 331 Handelsgesetzbuch oder § 400 Aktiengesetz. Im StGB selbst finden sich die «klassischen» Wirtschaftsstraftaten wie Betrug (§ 263), Untreue (§ 266), Bestechlichkeit und Bestechung im wirtschaftlichen Verkehr (§§ 299, 300) oder von Amtsträgern (§§ 331 ff.).

Im Gegensatz zur tatsächlichen Sozialschädlichkeit, die z. B. die von Diebstahlsdelikten bei weitem übersteigt, wird Wirtschaftskriminalität nicht mit derselben Energie verfolgt wie die zuvor angesprochenen Kriminalitätsbereiche. Wirtschaftskriminalität ist nicht leicht aufzudecken und zu kontrollieren. Es gibt die direkte Schädigung von Unternehmen, häufig wird Wirtschaftskriminalität aber auch aus Unternehmen heraus organisiert, es gibt also nicht *einen* Täter, sondern eine ganze Unternehmensstruktur, die eine Zurechnung der schädigenden Verhaltensweisen erschwert. Sie ist nicht selten durch sogenannte Opferlosigkeit oder sich verflüchtigende Opfereigenschaft charakterisiert. Das bedeutet nicht etwa fehlende Schädlichkeit, im Gegenteil. Ein persönliches Opfer (eine natürliche Person oder ein geschädigtes Unternehmen) merkt nur unter Umständen gar nicht, dass es betrogen wurde, oder die Schädigung trifft ganze Kommunen oder Städte, auch die Allgemeinheit als Steuerzahler. Generell kann die gesamte Gesellschaft betroffen sein, wenn die Umwelt geschädigt wird. Die Aufdeckung erfolgt also selten durch Anzeigeerstatter, die bei der «normalen» Kriminalität eine Straftat bei der Polizei anzeigen. Geschädigte Organisationen, Unternehmen und Einzelpersonen hindert möglicherweise die Peinlichkeit, die Täuschung und vermeintliche Gutgläubigkeit eingestehen zu müssen, an der Strafanzeige. Man fürchtet das Aufsehen und die Beschädigung des eigenen Ansehens, wenn die Staatsanwaltschaft Ermittlungen aufnimmt.

Klassische Eigentums- und Vermögenskriminalität bindet einen Großteil der Strafverfolgungskapazitäten. Allein nach den Angaben der PKS werden nahezu 60 % Diebstahls- und Betrugsdelikte begangen. Vergleicht man jedoch den Schaden, den diese massenhaft begangene Kriminalität anrichtet, mit dem Schaden durch Wirtschaftskriminalität, tritt ein erstaunliches Missverhältnis zu Tage.

Die Wirtschaftskriminalität verursachte im Jahr 2003 mit 6,83 Mrd. Euro konkret festgestellter Schadenssumme 57 %

des polizeilich registrierten Gesamtschadens in Höhe von rund
11,9 Mrd. Euro Die 86 149 Fälle der Wirtschaftskriminalität
entsprechen aber lediglich 1,3 % aller Delikte. Nicht berücksich-
tigt sind dabei immaterielle Folgen und Schäden für die Allgemeinheit, insbesondere der Vertrauensverlust der Bevölkerung,
der Verlust von Arbeitsplätzen und das Ansehen betroffener
Branchen. Die statistische Erfassung in PKS und Bundeslagebild
Wirtschaftskriminalität ist nicht zuverlässig, das Dunkelfeld
hoch, und konkret nicht feststellbare Schadenssummen werden
mit dem symbolischen Schaden von einem Euro angegeben.

Die Wirtschaftskriminalität war schon immer von ausgeprägter Sozialschädlichkeit, nur wird sie anders als die sonstigen Vermögensdelikte nicht als eine Staat und Gesellschaft besonders
gefährdende Kriminalitätsform wahrgenommen. Dies ist eine
der Ursachen, warum sie als weniger strafwürdig gilt. Aber auch
die Schwierigkeit, komplizierte Tatbestände zu ermitteln und
nachzuweisen, spielen eine Rolle. Normen müssen durchgesetzt
werden können, damit sie ernst genommen werden. Ein Gebot
oder Verbot ohne Konsequenzen, in diesem Fall mit sehr geringer Entdeckungswahrscheinlichkeit und geringer Kontrollinten-
sität durch Strafverfolgungs- und Steuerbehörden, wirkt nicht
handlungsleitend. Die Innenrevisionen in Unternehmen und
öffentlichem Dienst decken nur einen geringen Teil der Manipulationen auf, Unternehmensberatungen und Wirtschaftsprü-
fungsgesellschaften decken sogar nicht selten die kriminellen
Taten. Das ist auch ein Grund für Scheinaktivitäten wie das Ver-
abschieden ethischer Richtlinien und Verhaltenskodizes. Was
ohne Konsequenz bleibt und nicht «gelebt» wird, veranlasst nie-
manden zum Handeln.

Die Täter sind nicht selten Leistungsträger und in Unterneh-
mensstrukturen eingebunden, die die Taten gut zu verdecken
wissen. Sie entsprechen nicht dem Bild des Täters mit einer An-
häufung sozialer Defizite und abweichenden kriminellen Wertvorstellungen. Im Falle der Entdeckung haben die Staatsanwalt-
schaften erhebliche Schwierigkeiten, den eloquenten und ge-
schickten Tatverdächtigen und ihren Verteidigern die oft kom-
plizierten Taten nachzuweisen.

Cartoon Haitzinger

Korruption ist Teil der Wirtschaftskriminalität

2004 wurden zwei Geschäftsführer milliardenschwerer Immobilienfonds verhaftet. Sie sollen Bestechungsgelder von Immobilienunternehmen erhalten und auf Schweizer Bankkonten deponiert haben. Sechsstellige Summen wurden als persönliche «Provisionen» an die Geschäftsführer gezahlt, wenn diese Büroobjekte für ihre Fonds einkauften, es wurde aber auch gezahlt und genommen, damit bestimmte Architekten und Bauunternehmen bei der Vergabe von Aufträgen zum Zuge kamen. Die Rechnungsprüfungsgesellschaft eines Fonds soll in einem Gutachten festgestellt haben, «dass die Zahlungen ‹keine Auswirkungen auf den Fondspreis› gehabt hätten, dass solche Schäden aber auch nicht völlig ausgeschlossen werden können», so der Spiegel (11/2005, S. 92).

In Deutschland ist die strukturelle Korruption problematisch, also das wiederholte Aufeinandertreffen von Akteuren, um immer wieder persönliche Vorteile aus Leistungs- und Auftragsvergaben vielfältiger Art zu ziehen. Nicht nur Bau-, Vergabe- und Immobiliensektor sind betroffen, zahlreiche Dienstleistungen der öffentlichen Hand wie privater Anbieter werden beeinflusst, der Wettbewerb ausgeschaltet, und es wird bei der durch Bestechung ausgeschalteten Kontrolle durch Schlecht- und Nichtleistung bei der Ausführung der Aufträge betrogen. So mancher Tiefbau wurde teurer abgerechnet als gebaut, Bestechungsgelder (2–3% bei Großaufträgen, 20–30% bei anderen Vergaben) werden in die Aufträge eingerechnet, Einkäufer kaufen schadhafte Teile zu überteuerten Preisen, weil sie persönlich profitieren. Bei so mancher Schule wurden angeblich ausgewechselte und reparierte Sanitäreinrichtungen und Fliesen abgerechnet, aber niemals eingebaut. Auf deutschen Straßen fahren tausende ungeeigneter Führerscheinbesitzer, die das Papier gekauft, aber niemals eine Prüfung abgelegt haben. Kommunale Entscheidungsträger weisen Bauland aus und erteilen Genehmigungen, weil ein Investor einen persönlichen Vorteil aus seinem eigennützigen Engagement ziehen will. Getarnt als Sponsorenleistung, entpuppt sich die vermeintliche Spende zu kommunalem Nutzen als Bestechungszahlung für rechtswidrige Beschlüsse einer Gemeinde mit erheblichen Nachteilen für die Bürger.

Ergebnisse aus einer umfangreichen, bundesweit durchgeführten strafrechtlich-empirischen Studie zur Korruption zeigen unterschiedliche Korruptionsstrukturen, typische Täter und vielfältige Mängel bei der Aufdeckung und Reaktion auf Korruption. Danach lassen sich Korruptionsstraftaten wie folgt klassifizieren: Einzelfall- und Bagatelldelikte, räumlich und personell begrenzte und oft auf jahrelange Wiederholung angelegte «gewachsene Beziehungen» und organisierte Wirtschaftskriminalität großen Stils nicht zuletzt mit Verbindungen in die Politik. Ein grundlegendes, Korruptionsdelikte förderndes Problem ist die geringe Entdeckungswahrscheinlichkeit. In Verwaltungen und Unternehmen besteht ein deutliches Kontrolldefizit. Als negativ hat sich in lange andauernden Korruptionsfällen immer wieder gezeigt, dass vorhandene Hinweise und Verdachtsmomente, die von Mitarbeitern geäußert worden waren, nicht ernst genommen wurden und diese Mitarbeiter, die versuchten, Kontrollen auszulösen, häufig noch negativen Reaktionen ausgesetzt waren. Dies schwächt nicht nur auf Dauer die Motivation der ehrlichen Mitarbeiter in der Verwaltung, sondern ermöglicht den Tätern, ihre Selbstbereicherung über Jahre zu verschleiern und das Recht zu missachten. Dabei zeigt sich weiter, dass die Täter auf der einen Seite gerade die leistungsstarken Amtsträger sind, die Vertrauen genießen und die Macht haben, Vorgänge abzuschotten. In der Wirtschaft zeigt sich häufig die bereits jahrzehntelang übliche Praxis der Korruption als Geschäftspolitik, die ehrliche Mitbewerber nicht zum Zuge kommen lässt und enormen Schaden in materieller und immaterieller Hinsicht anrichtet. Nicht selten wird nach der Aufdeckung eines Korruptionsfalles dem vermeintlichen «schwarzen Schaf» die Verantwortung zugeschoben, die Korruption als krimineller Einzelfall gebrandmarkt, und Öffentlichkeit und Konkurrenz werden über das wahre Ausmaß der Korruption getäuscht. Für «whistleblower» oder Hinweisgeber, für ehrliche Einzelpersonen oder Unternehmer entsteht bei Offenbarung von Wissen über korrupte Handlungen ein enormes wirtschaftliches Risiko, das bis zur Existenzvernichtung reichen kann. Es müssen daher dringend Schutzkonzepte entwickelt werden. Umdenken ist erforderlich, wenn Ethik, Ehrlichkeit sowie Recht und Gesetz nicht zu Phrasen verkommen sollen. Probleme gibt es generell bei der praktischen Umsetzung von Vorschlägen zur Korruptionsprävention.

Transparency International hat im Oktober 2004 den internationalen Wahrnehmungsindex (Corruptions Perceptions Index, CPI) veröffentlicht. Im internationalen Vergleich liegt Deutschland auf Platz 15 der Wahrnehmungsskala. Auf den ersten Plätzen rangieren die am wenigsten von Korruption betroffenen skandinavischen Länder, auf den hinteren Plätzen die am korruptesten wahrgenommenen Entwicklungsländer, 2004 auf Platz 146 gemeinsam Bangladesch, Haiti, Nigeria, Tschad, Myanmar, Aserbaidschan, Paraguay. Mit diesem Index lässt sich die tatsächliche Belastung eines Landes mit Korruption ebenso wenig realistisch abbilden wie mit der Polizeilichen Kriminalstatistik oder Lagebildern des Bundeskriminalamtes. Das liegt daran, dass

Korruption ein enorm hohes Dunkelfeld aufweist, schätzungs-
weise höchstens einige Prozent der tatsächlich begangenen Korruptionsstraftaten bekannt werden und deren Entdeckung vor
allem von funktionierenden Kontrollstrukturen geprägt wird.
Bei aller statistischen Unsicherheit zeigt der CPI deutlich das
weltweite Problem an. Auch wenn die Entwicklungsländer mas-
siv von Korruption in allen Facetten betroffen sind, kann sich
kaum ein führender Industriestaat zurücklehnen und anderen
die Korruptionseindämmung überlassen. Industriestaaten, die
im eigenen Land möglicherweise eine geringere Betroffenheit
von Korruption aufweisen, agieren weltweit und nutzen Korruption als Geschäftspolitik.

So ist auch in Deutschland davon auszugehen, dass Korrup-
tionsbekämpfung nach wie vor nur sehr halbherzig geschieht,
man überlässt den überlasteten Strafverfolgungsbehörden die
Aufdeckung und berichtet in den Medien vor allem dann, wenn
sich «Skandale» personalisieren lassen. Dieser kurzsichtige
Blick verstellt den Blick auf die auch in Deutschland im Wachsen
befindliche Branche: Korruption in Deutschland ist vor allem
ein Problem der Wirtschaftskriminalität, gekauft werden auf
Dauer angelegte Beziehungen, um staatliche Kontrollen und
die Konkurrenz zum eigenen Nutzen auszuschalten. Kontrollen
in Verwaltungen und Unternehmen unterbleiben, obwohl viele
Kontrollgremien dazu berufen sind, Schmiergeldpraktiken
vorzubeugen und die enormen materiellen Schäden durch die
typischerweise begleitend auftretenden Betrugs- und Untreue-
handlungen sowie Steuerhinterziehung und -verschwendung zu
vermeiden, mindestens zu erschweren oder auf Schadensersatz
zu dringen.

Umweltkriminalität

1980 wurden die wichtigsten Strafvorschriften mit dem Gesetz
zur Bekämpfung der Umweltkriminalität in das StGB aufgenommen und 1994 reformiert und erweitert.

Mit dem Wirtschaftsstrafrecht teilt das Umweltstrafrecht die
zwiespältige Erwartung und Bewertung. Auf der einen Seite
werden umfangreicher Schutz von Wettbewerb und Umwelt

durch das Strafrecht erwartet, auf der anderen Seite werden diese Strafrechtserweiterungen als zu weitgehend und als Überdehnung kritisiert. Strafrechtlich geschützt werden Gewässer und Boden (§§ 324, 324a StGB), Luftreinhaltung (§ 325), Tiere, Pflanzen und Naturdenkmäler (§ 329 Abs. 3) als Rechtsgüter der Allgemeinheit und daneben u. a. Leben, Gesundheit, Ruhe als Individualrechtsgüter. Problematisch ist die Durchsetzung dieser Strafrechtsvorschriften. Häufig fehlt ein Anzeigeerstatter, der Tatnachweis kann schwierig sein, weil die Sachverhalte nur mit naturwissenschaftlichen oder technischen Kenntnissen zu lösen sind oder weil die rechtliche Verantwortlichkeit der Unternehmensangehörigen schwer feststellbar ist. Mit dem Inkrafttreten des neuen Umweltstrafrechts stieg die Zahl der polizeilich registrierten Delikte von 5844 (1981) auf 21 412 (1990) und sinken nach einem Höchststand von 33 062 im Jahr 1998 auf nun 21 409 (2004). Die Veränderung der Zahlen beruht nicht auf einem realen Sinken oder Steigen der Fälle, sondern auf der Intensität der Strafverfolgung und einer veränderten Aufmerksamkeit der Bevölkerung für Umweltbelange, die sich zunächst in steigenden, seit 1999 in sinkenden Anzeigequoten niederschlägt. Von der Justiz werden überproportional viele Fälle wegen Geringfügigkeit eingestellt, und bei den Verurteilungen überwiegen mit 97% die Geldstrafen gegenüber 3% Freiheitsstrafen (im Vergleich: Bei allen Delikten zusammen werden etwa 11% Freiheitsstrafen verhängt). Wissenschaftlich ist nach wie vor ungeklärt, ob das Strafrecht zum Schutz der Umwelt einen wichtigen Beitrag leistet.

Wer sind die Täter?

Sozialdaten und Sozialisation

Geschlecht und Alter entscheiden zu einem erheblichen Teil über die Begehung krimineller Handlungen.

Mädchen und Frauen werden seltener polizeilich registriert als Jungen oder Männer (2004 in 23,8 % der Fälle), seltener verurteilt (2003 17,4 %), und sie sind nur zu 4,4 % im Strafvollzug inhaftiert. In Dunkelfeldbefragungen über selbst berichtete Delinquenz geben sie weit weniger häufig schwerere Straftaten zu. Mädchen wie Jungen begehen ähnlich häufig alterstypische Massendelikte wie Schwarzfahren oder kleinere Diebstähle, Mädchen sind aber selten Täterinnen von Einbruch und Gewaltdelikten. Diese Befunde zeigen sich international. Die Ungleichverteilung der Kriminalität zwischen den Geschlechtern wurde bereits im 19. Jahrhundert wiederholt festgestellt. Nach Schweizer Daten sind insbesondere junge Männer auch weitaus häufiger für tödliche Verkehrsunfälle verantwortlich, woraus sich allgemein der Schluss ziehen lässt, dass junge Männer die Tendenz haben, soziale und rechtliche Normen weniger zu beachten als Frauen und Männer über 30 Jahre. Vor allem Verhaltensweisen in Zusammenhang mit Gewalt- und Risikobereitschaft sowie enthemmendem Alkoholkonsum werden deutlich häufiger von jungen Männern begangen. Hat man diese Verteilungen auch immer wieder bezweifelt und annehmen wollen, Frauen würden bei denselben Begehungsweisen weniger häufig polizeilich registriert, würden milder bestraft und seien weniger ehrlich bei der selbst berichteten Delinquenz (während man Jungen und Männern ihre höheren Angaben durchaus glaubt), so zeigen insbesondere Opferbefragungen, dass Opfer weit weniger berichten, der Täter sei weiblich gewesen. So stützen die international durchgeführten Opferbefragungen den allgemeinen Befund der geringeren Kriminalitätsbelastung von Mädchen und Frauen, insbesondere begehen sie deutlich seltener schwerere Delikte und Gewalttaten. Die Bochumer Dunkelfeldstudie ergab folgende Geschlechterrelationen unter Schülern der Klasse 7–13: tätliche sexuelle Belästigungen (Mädchen: Jungen) 1:2; für Raub, Erpressung und Bedrohung sowie tätliche Gewalt gegenüber Lehrern 1:4; Nötigung 1:5; ernste Körperverletzungen unter Schülern 1:14; Gebrauch von Waffen 1:20. Zu berücksichtigen ist auch die generell höhere Kriminalitätsfurcht von Mädchen und Frauen, die bereits einen Hinweis auf mögliche abweichende Bewertungen kriminellen, vor allem gewalttätigen Verhaltens gibt.

Die Erklärungen für dieses Ungleichverhältnis sind unsicher: Schon zu Zeiten Lombrosos wurde diese Frage diskutiert, und historisch nahm man z. B. an, Frauen kompensierten ihre geringere Beteiligung an der Kriminalität mit Prostitution und Suchtverhalten. Der biologische Unterschied wird heute durchaus als bedeutsam für ein geringeres Aggressionspotenzial angenommen, für sich allein befriedigt diese Annahme jedoch nicht. Thesen über gelernte Rollenmodelle, Emanzipationsthesen und sozialisationstheoretische Modelle sind nicht überzeugend, um Ungleichverteilung oder sogar Gleichverteilung zu begründen. Der Heidelberger Kriminologe Hermann untersuchte aktuell empirisch die Ungleichverteilung von Gewaltkriminalität insbesondere mit der Hypothese einer unterschiedlichen Wertorientierung von Frauen, die auch Einfluss auf die seltenere Begehung von Gewalttaten habe. Im Ergebnis zeigte sich eine deutlich höhere Orientierung von Frauen (gegenüber Männern) an modernen idealistischen Werten, die dazu führt, Gewaltanwendung eher abzulehnen und Normen, die Gewalt verbieten, deutlich mehr zu akzeptieren. Je überzeugter eine Person von der Norm ist, umso eher befolgt sie diese und begeht also weniger Gewalttaten. Dieses Modell steht somit in einem Kontext anderer theoretischer Erklärungsmodelle, insbesondere den Kontroll- und Bindungstheorien, die erklären, dass ein Mensch sich umso eher konform verhält, wenn er von den Normen überzeugt ist und sich Menschen verbunden fühlt, die ebenfalls normkonform leben und diese Überzeugung teilen.

Vorübergehende Auffälligkeiten und Karrieretäter

«Einmal Täter – immer Täter?» überschreiben die Kriminologen Stelly und Thomas eine Studie, die zu der interessanten Frage nach der Kontinuität von Täterkarrieren führt. Die Studie zeigt viele durch den Faktor Alter oder positive Lebensereig-nisse von selbst auslaufende Kriminalitätskarrieren, bestätigt aber auch den internationalen Befund der Persistenz kumulierter Risiken.

Mehrfachtäter oder Intensivtäter der klassischen Gewalt- und Eigentumskriminalität unterscheiden sich durch soziale Merkmale erheblich von Einmal- oder Gelegenheitstätern. Studien zur Entstehung von Gewalttäterkarrieren zeigen überdauernde Verhaltensauffälligkeiten und frühe kumulierte Risikokonstellationen. Zu den sich früh zeigenden Risikofaktoren zählen: familiäre Disharmonie, Erziehungsdefizite, Multiproblemmilieu, untere soziale Schicht, genetische Faktoren, neurologische Schädigungen, Bindungsdefizite, schwieriges Temperament, Impulsivität, kognitive Defizite, Aufmerksamkeitsprobleme, Ablehnung durch Gleichaltrige, verzerrte Verarbeitung sozialer Informationen, Probleme in der Schule, Anschluss an deviante Peergruppen, problematisches Selbstbild, deviante Einstellung, Leistungs- und Qualifikationsdefizite, problematische heterosexuelle Beziehungen, Probleme in Arbeit und Beruf, persistent antisozialer Lebensstil.

Es fällt auf, dass diese kumulativ auftretenden Faktoren sich gegenseitig verstärken und sowohl bei jugendlichen Mehrfachtätern wie auch bei Gewalttätern mit rechtsextremistischen Feindbildern auftreten. Verhaltensauffälligkeiten zeigen sich in der Regel früh. Bereits in Kindergarten, Grundschule, spätestens mit der Pubertät zeigen sich die Schwierigkeiten, ohne dass bislang ausreichende Gegenstrategien verfolgt werden. Mit beginnender Strafmündigkeit auf das Strafrecht und seine sehr begrenzten Möglichkeiten zu setzen, ist jedenfalls verfehlt. Trotzdem hat die Strafjustiz die schwierige Aufgabe, bei der Sanktionierung Prognosen zu stellen und die möglichst passende Reaktion zu finden. Dabei besteht das Problem fehlender Informationen und mangelnder Vernetzung sozialer Institutionen. Die Justiz ist nicht immer ausreichend informiert, welche Risikokonstellationen möglicherweise bereits bestehen.

Konsequenzen für die Kriminalprognose

Juristen müssen Prognosen (Wahrscheinlichkeitsaussagen) über künftige Straffälligkeit und die Wirkung von Sanktionen stellen. Prognosen über die künftige Straffälligkeit haben mit der Schwierigkeit zu tun, nur bedingt verallgemeinerungsfähige Feststellungen aus empirischen Untersuchungen auf den Einzelfall zu übertragen und seine Dynamik, seine Wechselwirkungen sowie positive und sich ändernde Faktoren zu erfassen, um die richtige Diagnose und Prognose zur geeigneten Sanktion zu treffen. In Deutschland wurde die Weiterentwicklung prognostischer Instrumente lange Zeit vernachlässigt. Heute bestehen verschiedene Möglichkeiten, differenzierte Prognosen über Jugendliche und Erwachsene zu stellen. Entscheidende Impulse für neue Bemühungen um einzelfallbezogene und verlässliche Prognosen kamen in den letzten Jahren aus der Perspektive der Entwicklungskriminologie.

Auf die Bedürfnisse der Praxis ist derzeit die Methode der idealtypisch-vergleichenden Einzelfallanalyse (MIVEA) am besten abgestimmt. Sie wurde mit den Ergebnissen der umfangreichsten deutschen Vergleichsstudie, der Tübinger Jungtäter-Vergleichsuntersuchung, entwickelt und ist inzwischen vielfach erprobt (Göppinger und Bock sowie Wulf, MIVEA.zip www.jura.uni-tuebingen.de/wulf/LEHRE.htm). Diese Methode ermöglicht dem Juristen eine empirisch-kriminologisch und systematisch fundierte Erfassung durch Befragung des Probanden und Erstauswertung (Anamnese) sowie eine darauf basierende Diagnose und Prognose des kriminellen Verhaltens mit Interventionsempfehlungen und kann hier nur kurz skizziert werden.

Diagnose und Prognose bei MIVEA beruhen auf der Erfassung und Analyse der kriminalitätsrelevanten Lebensbereiche: Erziehung in Kindheit und Jugend, Aufenthaltsbereiche, Leistungsbereiche (Schule, Ausbildung, Arbeit), Freizeit- und selbstgewählter Kontaktbereich sowie Delinquenz und Kriminalität. Die Analyse mit Bewertungshinweisen für die prognostische Ausrichtung erfolgt in drei Dimensionen: einer Längsschnitt- und Querschnittbetrachtung sowie mit einem Blick auf die persönlichkeitsgebundenen Relevanzbezüge und die Wertorientierung nach den Besonderheiten des Einzelfalles.

Eine schwerwiegende Persönlichkeitsstörung, die Täter aufweisen können, wird als dissoziale Persönlichkeitsstörung oder antisoziale Persönlichkeitsstörung definiert. In den medizinischen Manuals DSM IV und ICD – 10 werden diese psychopathischen Störungen definiert. In Deutschland wird, wahrscheinlich aufgrund der pauschalisierenden Negativabwertung sogenannter Psychopathen zu Beginn des 20. Jahrhunderts (Psychiater Kurt

1. Das soziale Verhalten im Lebenslängsschnitt
1.1 Erziehung, Familie, Wohn- und Aufenthaltsbereich
1.2 Leistungsbereich
1.3 Freizeitbereich
1.4 Kontakte und Bindungen
1.5 Sonstiges
1.6 Delinquenzbereich

2. Das soziale Verhalten im Lebensquerschnitt
2.1 Kriminalitätsfördernde Konstellation und weitere Faktoren
2.2 Kriminalitätshemmende Konstellation und weitere Faktoren

3. Relevanzbezüge (und Wertvorstellungen)

4. Diagnose des Straftäters in seinen sozialen Bezügen
4.1 Die Stellung der Delinquenz in der Lebensentwicklung
   • Kriminalität als Folge kontinuierlicher Hinentwicklung
   • Kriminalität im Rahmen der Persönlichkeitsreifung als vorübergehender Einbruch
   • Kriminalität bei sonstiger sozialer Unauffälligkeit
   • Krimineller Übersprung
   • Kriminalität bei psychischer Abnormität
   • Prognose zur Erziehungslage
   • Basisprognose
   • Schutzfaktoren trotz Gefährdung (individuelle Prognose)
   • Interventionsprognose
   • Folgerungen für die Sanktion

Grafik 16: Prognose nach MIVEA

Schneider: Die psychopathische Persönlichkeit) und im National-
sozialismus, diese international anerkannte Störung nicht ausreichend zur Kenntnis genommen. Die Kriterien finden jedoch
zu Recht in der internationalen Perspektive seit langem Berück-
sichtigung und können bei hoher Ausprägung für die Prognose
sehr relevant sein.

Vergleich der Bestimmungsmerkmale	
Dissoziale Persönlichkeitsstörung ICD 10 – F 60.2	Kriminalrelevante Risikofaktoren
Unbeteiligtsein gegenüber Gefühlen anderer	• Mangelnde Empathie • Emotionale Unabhängigkeit
Verantwortungslose Haltung und Missachtung sozialer Normen und Verpflichtungen	• Vernachlässigung des Arbeits- und Leistungsbereichs sowie familiärer und sonstiger sozialer Pflichten • Fehlendes Verhältnis zu Geld und Eigentum • Unstrukturiertes Freizeit-verhalten • Fehlende Lebensplanung • Inadäquat hohes Anspruchs-niveau • Mangelnder Realitätsbezug
Sehr geringe Frustrations-toleranz und niedrige Schwelle für aggressives Verhalten	• Geringe Belastbarkeit • Paradoxe Anpassungs-erwartung • Spontane und reaktive Aggressivität • Impulsivität und Erregbarkeit • Sensation seeking
Fehlendes Schuldbewusstsein und Strafresistenz	• Fehlende Schuldeinsicht • Geringe Selbstakzeptanz • Gleichgültigkeit
Neigung, andere zu beschuldigen und Rationalisierungen anzubieten	• Bagatellisierung des Unrechts • Opferabwertungen

Grafik 17: Kriterien Persönlichkeitsstörung – kriminalrelevante Risikofaktoren

Wer sind die Opfer?

Opfer von Straftaten sind erst recht spät in das Blickfeld kriminologischer Forschung gerückt. In den 1970er Jahren gewann die viktimologische Perspektive international an Bedeutung. Für das Strafrecht waren «Verletzte» und «Geschädigte» (den Begriff «Opfer» kennt das Strafverfahrensrecht nicht) lange Zeit lediglich notwendige Beweismittel, um die Schuld oder Unschuld des Beschuldigten zu beweisen. Auf die Nöte, Bedürfnisse und Interessen des Opfers nach dem Erleben einer Straftat kam es deshalb nicht an. Vorherrschend war ein kühler und wenig einfühlsamer Umgang mit Opfern im Ermittlungs- und Gerichtsverfahren, die vorrangig auf die strafrechtlichen Folgen einer möglichen Falschaussage hingewiesen, nicht aber als Individuen mit erlebtem Leid und bestimmten Interessen am Ausgang des Strafverfahrens wahrgenommen wurden. Auch für die Kriminologie waren Opfer lange Zeit kein spezieller Forschungsgegenstand, weil die Ursachen von Kriminalität in der Person des Täters oder in den sozialen Umständen, die Verbrechen bedingen, gesehen wurden. Zunehmend wurde jedoch die Behandlung der Opfer im Strafverfahren kritisch hinterfragt, und die Sensibilität in der Gesellschaft für Gewalt und die Folgen wuchs. In Dunkelfelduntersuchungen stellte sich die hohe Bedeutung der Opferanzeigen für die Einleitung von Strafverfahren heraus. Etwa 70% aller Strafverfahren werden deshalb durchgeführt, weil Opfer die Tat anzeigen. Nimmt man Dritte hinzu, die als Zeugen eine Tat beobachten und Anzeige erstatten, wird überdies klar, dass Strafverfahren in neun von zehn Fällen durch Anzeige, nicht aber durch Initiativermittlung der Strafverfolgungsbehörden geführt werden. Dieser Umstand ist nur in wenigen Deliktsbereichen, etwa der Wirtschaftskriminalität, genau umgekehrt. Kommt damit vorrangig dem Opfer die Entscheidung über die Einleitung eines Strafverfahrens zu, so stellen sich Fragen nach den Motiven von Opfern für Anzeige oder Nichtanzeige (s. dazu oben, Dunkelfeld), aber auch nach dem weiteren Gang des Geschehens: Welche Anzeigen führen zu Ermittlungen und Anklage, welche münden nicht in ein formelles Ermittlungsverfahren oder werden frühzeitig eingestellt? Was erwarten Opfer von einem Strafverfahren, und werden ihre Erwartungen erfüllt? Spätestens hier wird klar, dass es «das» Opfer und «die» Interessen des Opfers so pauschal nicht gibt. Die Delikte und Folgen sind sehr unterschiedlich, manche Bedürfnisse und Wünsche von Opfern sind sich sehr ähnlich, manche weichen entscheidend voneinander ab.

Häufigkeit der Opferwerdung

Das Risiko, Opfer einer Straftat zu werden, ist nicht gleich verteilt. Es ist neben der Frage, welcher Straftat man zum Opfer fällt, zu differenzieren nach Lebensalter, Geschlecht, sozialer Stellung und weiteren Lebensumständen.

Opfer werden in der Kriminal- und Strafverfolgungsstatistik nur unzureichend und dort vor allem mit Gewaltdelikten (Mord, Totschlag, Raub, räuberische Erpressung, gefährliche und schwere Körperverletzung) erfasst. Bei diesen Gewaltdelikten werden Männer insgesamt häufiger Opfer als Frauen (Ausnahme: Vergewaltigung und sexuelle Nötigung sowie familiäre Gewalt), Jugendliche und Heranwachsende werden sehr viel häufiger Opfer als Erwachsene. Ältere Menschen werden deutlich seltener Opfer als jüngere (Ausnahme: Handtaschenraub; hier haben Frauen über 60 Jahre das höchste Risiko, Opfer zu werden). Bei Diebstahl verteilt sich das Opferrisiko etwa gleichmäßig. Vielfach gehören Täter und Opfer derselben Altersgruppe an, wie sich insbesondere bei jugendtypischen Delikten wie Körperverletzungen und Raub zeigt. Je älter die Tatverdächtigen werden, umso stärker gefährden sie jüngere Opfer (vor allem bei Sexualdelikten). Junge Menschen bis 21 Jahre sind öfter auf der Opferseite als auf der Seite der Tatverdächtigen zu finden.

Aus Opferbefragungen (victim surveys) lassen sich verallgemeinerbare Angaben zur Häufigkeit der Opferwerdung ermit-

teln. Auch das durch die Anzeigequoten und andere Erfassungs-
mängel verzerrte Bild der Polizeistatistik lässt sich damit korri-
gieren. Nimmt man die gesamte Lebenszeit als Ausgangspunkt,
so wurde fast jeder Mensch im Laufe seines Lebens einmal Opfer einer Straftat. Die häufigsten Delikte sind leichtere Straftaten
wie Fahrraddiebstahl und vorsätzliche Sachbeschädigungen an
Kfz. Fragt man nach der Opfererfahrung in den letzten zwölf
Monaten, so waren 7,3 % der Bürger von Sachbeschädigungen
an Kfz betroffen, 5 % haben einen Fahrraddiebstahl erlebt,
4,2 % wurden bestohlen, speziell den Diebstahl von Autoteilen
oder von Gegenständen aus Kfz beklagten 3,9 %, und 3,1 % berichteten über Sachbeschädigungen. Dagegen sind Gewaltdelikte statistisch seltene Ereignisse. Über Körperverletzungen und
Bedrohungen berichteten 2,8 %, über Raub 1,4 %, über Vergewaltigung und sexuelle Übergriffe 0,6 %, allerdings steigt das
Risiko bezogen auf die gesamte Lebenszeit.

Einen exakten Überblick über Viktimisierungen kann man
aus verschiedenen Gründen nicht geben. Körperverletzungen im
öffentlichen Raum werden häufiger angezeigt also solche im
sozialen Nahbereich. Bei Sexualdelikten beeinträchtigen Scham,
die Furcht vor Folgen der Aussage und traumatische Folgewir-
kungen die Anzeigebereitschaft. Auch in Dunkelfelduntersuchungen werden Sexualdelikte und Gewalterfahrungen im familiären
Bereich nicht mit der gleichen Offenheit berichtet. Erst besondere
Vorkehrungen in der Interviewsituation (verschlossene Um-
schläge, die anonym zugesandt werden können) erhellen hier die
wahren Erfahrungen. Überhaupt liegen erst seit den 1990er Jahren vermehrt Studien über zuvor tabuisierte Gewaltbereiche vor.
Die Problematik häuslicher oder familiärer Gewalt zeigt Besonderheiten in Prävalenz und Anzeigeverhalten. Gewalt an
Schulen ist weiter verbreitet als lange vermutet und wird in letzter Zeit zunehmend thematisiert und damit auch angezeigt.

Familiäre Gewalt

Im Sommer 2004 veröffentlichte das Interdisziplinäre Zentrum für Frauen- und Geschlechterforschung der Universität Bielefeld im Auftrag des Bundesministeriums der Familie eine repräsentative Studie zu Gewalt gegen Frauen zwischen 16 und 85 Jahren in Deutschland. Diese ergab, dass ab dem 16. Lebensjahr 37 % körperliche Gewalt, 13 % sexuelle Gewalt und 40 % körperliche oder sexuelle Gewalt oder beides erlebt hatten. 58 % berichteten über sexuelle Belästigungen in unterschiedlichen Formen, 42 % der Frauen über psychische Gewalt (Drohungen, aggressives Anschreien, Demütigungen bis zum Psychoterror). Türkische und osteuropäische Migrantinnen waren noch häufiger Opfer körperlicher Gewalt (40 bzw. 35 %). Rund 25 % der Frauen haben körperliche und/oder sexuelle Gewalt durch aktuelle oder frühere Beziehungspartner (99 % männliche Täter) erlebt. Dieser Befund übertrifft das Ausmaß bisher gefundener Anteile von Gewalt in Paarbeziehungen, ist aber erwartungsgemäß, weil alle früheren Untersuchungen bereits auf ein hohes Dunkelfeld und die eingeschränkte Validität der Befragungen hingewiesen hatten. Festgestellt wurde ein breites Spektrum unterschiedlich schwer wiegender Gewalthandlungen. Knapp ein Drittel erlebte nur eine Gewaltsituation durch den Partner, 36 % nannten zwei bis zehn Situationen und 33 % zehn bis hin zu 40 gewaltsame Übergriffe, die körperliche Verletzungen von Prellungen und blauen Flecken bis hin zu Verstauchungen, Knochenbrüchen, offenen Wunden und Kopf- und Gesichtsverletzungen zur Folge hatten.

Eine aktuelle Schweizer Untersuchung der Universität Lausanne kommt zu dem Ergebnis, dass knapp 40 % aller Frauen mindestens einmal im Leben Gewalt erfahren. Jede zwanzigste Frau wurde vergewaltigt, 15 von 100 Frauen erlebten einen Vergewaltigungsversuch. Etwa 19 % der Gewalt wurde durch Freunde, Bekannte oder Kollegen ausgeübt, 14,4 % waren den Frauen nicht bekannt, bei 2,4 % handelte es sich um aktuelle Lebenspartner, 13 % wurden Opfer ihres Expartners. Die relativ geringe Quote der Frauen, die Gewalt durch ihren Partner erleiden, dürfte auf die Methode der Telefonbefragung und die geringe Zahl der Befragten zurückzuführen sein. In Wahrheit kann man hier also eine deutlich höhere Betroffenheit annehmen. Studien konnten ein «doppeltes Dunkelfeld» zeigen, wenn Gewaltopfer mündlich direkt befragt werden. Eine höhere Offenbarungsbereitschaft ergibt sich regelmäßig, wenn den Opfern Gelegenheit gegeben wird, zum Beispiel anonym per Brief zusätzliche Informationen schicken zu können. Die Schweizer stellten in Übereinstimmung mit anderen Untersuchungen heraus, dass Gewalt in Paarbeziehungen häufig durch Männer begangen wird, die seit ihrer Kindheit durch gewalttätiges Verhalten auffallen, sie verfügen über niedriges Einkommen, pflegen ein dominantes Männerbild, trinken exzessiv Alkohol. Die Opfer erleiden häufiger Partnergewalt, wenn sie nicht berufstätig sind.

In (früheren) Paarbeziehungen stellt sich Gewalt also als ein bedeutsames soziales Problem dar, das eine schichtbezogene Komponente aufweist (was nicht bedeutet, das Gewalt in höheren sozialen Schichten nicht vorkommt, sondern nur das Risiko ungleich verteilt ist) und sich weiter dadurch verschärft, dass in diesen Familien Kinder leben, die den Gewaltsituationen und dem Streitklima sowie eigenen Verletzungen oft jahrelang ausgesetzt sind. Dies stellt einen bedeutsamen Risikofaktor für spätere Aggressionen und Täterschaft bei Jungen und für das Weitertragen der Gewaltspiralen bei Mädchen durch frühes Verlassen des Elternhauses und Anbindung an problematische Partner dar. Geringe Bildung, ökonomische Problemlagen, tradierte Partnerschaftsbilder mit dominierenden Männern, Alkohol und Überforderung durch die Lebenslagen, gepaart mit aggressiven Verhaltensweisen der Männer, bilden ein erhebliches Risikopotenzial für das Auftreten familiärer Gewalt. Die neueren Forschungsergebnisse zeigen weitere interessante Aspekte etwa bei der extremsten Form von Gewalt, bei Tötungsdelikten: Betrachtet man nur Frauen, die Opfer eines Tötungsdeliktes werden, besteht ein erhebliches Risiko (nach Hellfelddaten über 70%), Opfer ihres Partners, Expartners oder eines Bekannten zu werden. Männer töten in dieser Situation oft, um einen Machtanspruch durchzusetzen («wenn ich sie nicht haben kann, soll sie keiner haben»), Frauen (die selten, etwa zu 5 %, Tötungsdelikte begehen) töten ihre Partner meistens, wenn sie keinen Ausweg mehr sehen, der Gewalt zu entkommen. Auch das in letzter Zeit von der Arbeitsstelle für Forensische Psychologie der Technischen Universität Darmstadt untersuchte Stalking-Phänomen weist einen nicht unerheblichen Teil von männlichen Expartnern oder flüchtigen Bekanntschaften auf, die sich einbilden, einen Anspruch auf die andere Person zu haben, und der sie so lange nachstellen, bis diese psychisch zusammenbricht oder die jahrelange Verfolgung in einem Tötungsdelikt eskaliert.

Gewalt in der Schule

Gewalt in der Schule wird nicht speziell in Statistiken erfasst, schlägt sich aber als Jugendkriminalität unspezifisch nieder. In den letzten Jahren wird die verborgene Gewalt an Schulen mit ihren negativen Auswirkungen zunehmend erkannt. Große Klassen, zunehmende soziale Probleme und Zersplitterung der Familien, überforderte Lehrer, passive Eltern und insbesondere Schüler, die unter Attacken einiger weniger aggressiver (meist) Jungen zu leiden haben, werden oft jahrelang missachtet. Das Problem soll nicht nach außen dringen, die Schule nicht in ein schlechtes Licht geraten, Lehrer wissen keinen Rat und fühlen sich allein gelassen. Opfer fühlen sich hilflos, und die Mitschüler helfen oft nicht, weil entsprechende Vorbilder bei den Erwachsenen fehlen und aggressive Täter nicht selten die attraktiveren Rollenvorbilder sind. So profitieren die wiederholt aggressiven Schüler und leiden die Opfer unter der Passivität und Duldung der «bystander»-Schüler, die sich nicht mit dem Opfer solidarisieren. Viele – international «anti-bullying» genannte – gewaltpräventive Programme (etwa «Faustlos» oder «Konflikt-Kultur») werden jedoch heute umgesetzt (s. auch unter Kriminalprävention ein besonders erfolgversprechendes Modell). Damit steigt häufig die Anzeigequote, weil verborgene Straftaten an Schulen aufgedeckt werden. Auf lange Sicht ist das entschiedene Entgegentreten jedoch sehr wichtig für das soziale Miteinander. Wie selbstverständlich Konfliktlösungen in ein «Lernen für das Leben» integriert werden können, zeigt sehr schön auch das Beispiel der Helene-Lange-Schule in Wiesbaden.

Aus kriminologischer Sicht ist die frühe Intervention (schädliche Handlungsweisen unterbinden, Opfer schützen und stärken) deutlich wirksamer als punktuelle strafrechtliche Sanktionen bei den wenigen aufgedeckten und angezeigten Fällen. Die Institution Schule kann zudem pädagogisch im konkreten Lebenskontext wirken, das Strafrecht kann dazu nur kleine Beiträge leisten.

Welche Schäden richten Straftaten bei den Opfern an?

Die Opferforschung brachte wichtige Erkenntnisse zur Gefahr der sogenannten sekundären Viktimisierung. Nicht nur die Tat schädigt und beeinträchtigt das Opfer. Die Verarbeitung des Geschehenen hängt entscheidend davon ab, wie die soziale Umwelt und die Strafverfolgungsbehörden auf das Tatgeschehen reagieren. Wird das Opfer ernst genommen, erfährt es Unterstützung und Hilfe, wie stellt sich die Vernehmungssituation dar, und welche Empfindungen löst der Ablauf des Strafverfahrens aus? Die Gefahr besteht, das Opfer durch unangemessene Reaktionen ein weiteres Mal in eine Opfersituation zu bringen, es kommt zu einer sekundären Viktimisierung nach der primären Viktimisierung durch die Tat selbst (unsensibler Umgang, Zweifel, Vorwürfe, Bagatellisierung, Missachtung, Verhöhnung, fehlende Unterstützung u. a. m.). Je gravierender die primäre Viktimisierung (z. B. durch sexuelle Gewaltdelikte) ist, je größer die soziale Nähe zum Täter und je sensibler die Opfer sind (Frauen, Kinder, alte Menschen), desto stärker leiden sie unter der Prozesssituation der öffentlichen Hauptverhandlung, des Zusammentreffens mit dem Täter und der Konfrontation mit dem früheren Tatgeschehen. Nicht nur die Justiz, auch die soziale Umwelt bringt wenig Geduld für Opfer auf und verursacht durch die vermittelte Erwartung, das Opfer möge die Sache doch endlich vergessen, Spätfolgen.

Traumatisierungen haben erhebliche Auswirkungen mit Stressreaktionen wie wiederholte quälende Erinnerungen an die Tat, Alpträume, Rückblenden mit starken Emotionen, Angst- und Vermeideverhalten, Schlafstörungen, Konzentrationsstörungen, Vertrauensverlust und andere Verhaltensbeeinträchtigungen.

Was erwarten Opfer vom Strafverfahren?

«In mancher Hinsicht müssen Opfer in Strafverfahren frustriert werden – und es ist nur gut, wenn sie das wissen. Das Strafverfahren ist nicht dazu gemacht, Opfer zu therapieren, und man sollte auch nicht meinen, man könnte es zu einem Ort machen, wo so etwas gelingt.» (Jan Philipp Reemtsma, 2002).

Der Prozess der Opferwerdung führt bei den Betroffenen häufig zu einer Veränderung ihres subjektiven Sicherheitsgefühls und des Gerechtigkeitsempfindens. Die zugefügte Verletzung muss deshalb als solche anerkannt, beachtet und thematisiert werden. Das Strafrecht hat hier eine wichtige Aufgabe zu erfüllen, nämlich Opfergerechtigkeit durch Schutz und Unterstützung sicherzustellen. Dabei spielt eine opferbezogene Verfahrensgestaltung bereits eine wichtige Rolle. Positive Wirkungen sind auch durch den Täter-Opfer-Ausgleich möglich, der die Situation von Opfern verbessern kann. Erlittene materielle Schäden, Demütigungen, Einbußen, Verletzungen können aufgefangen werden, wenn das Opfer aktiv am Ausgleichsgeschehen beteiligt wird. Wichtig ist dabei, dass Opfer von der Justiz als Personen, um deren Verletzung es geht, wahrgenommen und ernst genommen werden. Der Wiederherstellung von Rechtsfrieden dient es dagegen nicht, wenn der Prozess formal abläuft, das Opfer lediglich als Zeuge vernommen und dabei im negativen Fall noch barsch auf die Folgen einer Falschaussage verwiesen wird.

Im Strafprozess steht das Opfer im Normalfall am Rande. Selbst als Nebenkläger spielt es im Prozess nur eine untergeordnete Rolle, und dem Opferinteresse wird nur im gesetzlich festgelegten Rahmen entsprochen. Während für den Täter und Verurteilten ein ganzes System der Unterstützung und sozialer Hilfen bereitsteht, ist es von dem Engagement der einzelnen

Landgerichte abhängig, ob z. B. Zeugenschutzzimmer in den Landgerichten bereitstehen. Vom Landeshaushalt hängt es ab, ob private Vereine der Opferhilfen finanziert werden, die Opfern Beratungsdienste und Zeugenbegleitungen kostenlos anbieten. Opfer wollen wissen, warum gerade sie Opfer einer Straftat geworden sind. Sie wollen Angst, Ärger und sonstige psychische Belastungen, die durch die Tat ausgelöst wurden, verarbeiten. Gerade diese Gesichtspunkte zeigen einen hohen Kommunikationsbedarf. Dieser wird im Normalverfahren nicht befriedigt, wenn sie auf die Zeugenrolle reduziert werden und nur das berichten sollen, was beweiskräftig verwertet werden kann, um den Täter zu überführen.

Nach Alltagsdelikten haben Opfer selten Rachegedanken und hohe Strafvorstellungen, sind aber sehr am Ersatz materieller Schäden und der Wiederherstellung des sozialen Friedens interessiert. Diebstahlsopfer verbinden mit der Strafanzeige überwiegend den Wunsch nach materiellem Schadensersatz. Opfer von Gewalttaten unterscheiden sich und haben deshalb unterschiedliche Interessen. Gewaltdelikt ist nicht Gewaltdelikt; eine Schulhofschlägerei hat andere Auswirkungen als ein lebensgefährlicher Überfall. Eine leichte Körperverletzung ist mit einer Situation, in der sich ein Opfer für Stunden in der Gewalt eines gewalttätigen Täters befindet und fast getötet wird, nicht zu vergleichen. Von der Art und Schwere der Gewalttat ist abhängig, welche Interessen die Opfer nach der Tat haben. Manche wollen nach der Tat in Ruhe gelassen werden, andere haben Gesprächsbedürfnisse. Bestrafungsbedürfnisse sind von dem Delikt abhängig, werden insgesamt aber eher selten artikuliert, bei schweren Gewaltdelikten spielt die Bestrafung des Täters für die Opfer jedoch eine bedeutende Rolle. Im Einzelnen ist vieles noch ungeklärt, etwa Fragen des Auftretens und der Auswirkungen von posttraumatischen Belastungsstörungen durch Gewalttaten, Opferinteressen nach schweren Gewalttaten, der Art und Weise der Verarbeitung von Gewalterfahrungen und den Bedingungen sekundärer Viktimisierung.

Wenngleich in letzter Zeit Fortschritte in der Traumaforschung und viktimologischen Forschung zu verzeichnen sind, weiß man immer noch viel zu wenig über Opfererleben, Opferinteressen nach (schweren) Gewalttaten und nach Möglichkeiten der Behandlung, Heilung und Verarbeitung. Daran schließen sich bedeutende Fragen an, die die Reaktionen professioneller Helfer oder den Umgang von Polizei und Justiz mit Gewaltopfern betreffen. Auch wenn es zur Bestrafung des Täters kommt, ist damit zu rechnen, dass solche schweren Taten die Lebenswelt des Opfers nachdrücklich erschüttern.

Das Opfer im Strafverfahren – Rechtsstellung und Schutz

Opfer haben keine eigene Subjektstellung im Strafverfahren. Sie gelten als Beweismittel Zeuge. «Zeugen sind Auge und Ohr der Justiz.» Dieser Ausspruch von vor über 200 Jahren, der Bentham zugeschrieben wird, hat noch heute Gültigkeit. Ebenso grundlegend und alt ist die Frage, inwieweit die Justiz diesen Augen und Ohren trauen darf. Den Zeugen kommt eine Schlüsselstellung bei der Strafverfolgung zu, sie bringt aber auch Belastungen und Befürchtungen mit sich, erst recht beim Opferzeugen. Trotz der weit verbreiteten Verbrechensfurcht, eines großen Interesses an effektiver Strafverfolgung und eines hohen Ansehens der Justiz bei der Bevölkerung ist die individuelle Zeugenrolle eher lästig.

Neben Unannehmlichkeiten wie Zeitaufwand, Fahrten zum Gericht und Warten fühlen sich nicht wenige sensible und ängstliche Personen schon durch den erzwungenen Auftritt in der öffentlichen Verhandlung und irritierende Fragen des Richters und anderer Prozessbeteiligter beeinträchtigt. Vor einer Zeugenaussage bestehen deshalb häufig Nervosität, Unsicherheit über den unbekannten Ablauf und auch diffuse Furcht vor möglichen negativen Folgen. Im Fall der Aussage meinen neun von zehn Zeugen, von den Strafverfolgungsbehörden nicht in ausreichendem Maße ernst genommen worden zu sein.

Opferzeugen stehen unter besonderem Druck. Vielfach scheuen sie sich, überhaupt eine Anzeige zu erstatten, vor allem bei Sexualdelikten und Gewaltdelikten im sozialen Nahraum, aber auch, wenn Repressalien der Täter befürchtet werden. Opfer von Gewalt können in einer Gerichtsverhandlung die meistens unumgängliche erneute Konfrontation mit dem Täter als belastend bis traumatisch erleben. Ohne besonderen Schutz kann sich ein solches Opfer dem Verfahren und der Öffentlichkeit ausgeliefert sehen und sich erneut als Verlierer fühlen.

Der Gesetzgeber hat mit verschiedenen Gesetzen und Änderungen der Verfahrensstellung des Geschädigten im Strafprozess versucht, die Belastungen und Gefahren zu minimieren. Der Leitgedanke des 1976 in Kraft getretenen und 1985 neu gefassten Opferentschädigungsgesetzes (OEG) lautet: Wenn es der staatlichen Gemeinschaft trotz ihrer Anstrengungen zur Verbrechensverhütung nicht gelingt, Gewalttaten völlig zu verhindern, so muss sie wenigstens für die Opfer dieser Straftaten einstehen. Das OEG gewährt eine bescheidene Versorgungsleistung, wenn Opfer von Gewalttaten in ihrer Erwerbsfähigkeit beeinträchtigt sind.

Das Opferschutzgesetz (1986) verbesserte die Rechtsstellung im Strafverfahren, die Förderung von Wiedergutmachung und Täter-Opfer-Ausgleich fand Niederschlag in verschiedenen Bestimmungen des Jugendstrafrechts (1. JGG ÄndG 1990) und allgemeinen Strafrechts (Verbrechensbekämpfungsgesetz 1994, Einführung des § 46a StGB). Das Zeugenschutzgesetz (1998) brachte prozessuale Schutzrechte, das Opferanspruchssicherungsgesetz (1998) Schadensersatzansprüche des Opfers, wenn Täter ihre «Geschichte» vermarkten, das Gewaltschutzgesetz (2001) brachte zivilrechtliche Möglichkeiten der Anordnung von Verboten, sich einer Person zu nähern und Verbindung mit ihr aufzunehmen, sowie die Zuweisung der Wohnung zur alleinigen Benutzung. Im September 2004 trat das Opferrechtsreformgesetz in Kraft, das die Verfahrens- und Informationsrechte des Opfers im Strafverfahren verbessert.

Verbrechensfurcht

Durch internationale Opferbefragungen und Opferforschungen in den 1990er Jahren rückte der Aspekt der Verbrechensfurcht in den Blickpunkt. Hatte man vorher angenommen, die reale Kriminalitätslage beeinflusse die Furcht, Opfer einer Straftat zu werden, stellten sich andere Faktoren, die von der realen Kriminalitätsbelastung einer Region unabhängig sind, als viel entscheidender heraus: Frauen und ältere Menschen haben eine höhere Verbrechensfurcht als Jungen und Männer. Letztere werden häufiger tatsächlich Opfer von Straftaten. Eine hohe Verbrechensfurcht zeigt sich regelmäßig bei Zuständen sozialer Unordnung wie etwa dem Vorhandensein von Verwahrlosungstendenzen in Straßen, an Häusern und Wohnblocks, dem Herumliegen von Müll und Schmutz, beschädigten Kfz, weiter beim Herumhängen von jungen Männern auf Straßen und Plätzen oder einer hohen Rate von ausländischen Bewohnern.

Subjektiv empfinden die Deutschen Kriminalität als bedrohlicher, als sich die Kriminalitätslage tatsächlich darstellt. Zwar ist die Furcht vor Kriminalität im Vergleich zu anderen sozialen Problemen und Lebensrisiken (schwere Krankheit, Tod des Partners, Arbeitslosigkeit, Verschlechterung der Wirtschaftslage u. a. m.) deutlich geringer ausgeprägt. Verbrechensfurcht kann aber auch dann negative Auswirkungen auf das Verhalten haben, wenn die Kriminalitätslage nicht besorgniserregend sein mag. Der Periodische Sicherheitsbericht bilanziert: «Kriminalitätsfurcht mindert objektiv Lebensqualität, weil sie zu Schutzvorkehrungen und zu Vermeideverhalten führt, insbesondere zur Reduzierung von Aktivitäten, zur Lockerung sozialer Beziehungen bis hin zur Isolation. Das Meiden von als gefährlich eingestuften Straßen, Plätzen oder Verkehrsmitteln kann sogar dazu führen, dass diese später einmal tatsächlich unsicher werden.» Die Forschung unterscheidet mittlerweile Verbrechensfurcht als gesellschaftliches Problem und eine persönlich empfundene Verunsicherung und Furcht, selbst Opfer einer Straftat zu werden. Allgemeine und unspezifische Kriminalitätsfurcht ist ausgeprägter als persönliche Furcht vor Opferwerdung. Konkrete Ängste, die Vermeideverhalten und Schutzvorkehrungen nach sich ziehen, speisen sich aus Umständen sozialer Verwahrlosung. Die Forschung konnte nur einen schwachen Zusammenhang zwischen Kriminalitätslage und Furcht zeigen. Menschen, die konkrete Opfererfahrungen haben, sind nicht unbedingt furchtsamer als solche ohne Viktimisierung.

Reaktionen von Staat und Gesellschaft: Strafrechtliche Sanktionen im Überblick

Strafrechtliche Sanktionen im engeren Sinn sind solche, die ein Gericht im Zusammenhang mit einer Verurteilung verhängt, bei Erwachsenen Geldstrafe und Freiheitsstrafe sowie die sogenannte zweite Spur der Maßregeln der Besserung und Sicherung.

Die Geldstrafe wird in Deutschland nicht in einer Summe bemessen, sondern stellt ein Produkt zwischen Tagessatzanzahl und Tagessatzhöhe dar, § 40 StGB. Damit soll Einzelfallgerechtigkeit gewährleistet werden und sowohl die Höhe der Schuld oder die Gewichtung des Vorwurfs gegen den Täter ausgedrückt wie auch den persönlichen und wirtschaftlichen Verhältnissen des Einzelnen Rechnung getragen werden. Im Mindestmaß liegt die Anzahl der Tagessätze bei fünf und die Höhe des Tagessatzes bei einem Euro, im Höchstmaß (bei einer Einzelstrafe) bei 360 Tagessätzen mit einer maximalen Höhe des einzelnen Tagessatzes von 5000 Euro (bei einer Gesamtstrafe sind sogar 720 Tagessätze möglich, § 54 Abs. 2, Satz 2 StGB). Also kann umgerechnet eine Geldstrafe zwischen fünf und 1,8 Mio. Euro verhängt werden (bzw. bis 3,6 Mio. Euro bei einer Gesamtstrafe). Kann die Geldstrafe nicht bezahlt werden, werden die Tagessätze in eine Ersatzfreiheitsstrafe umgewandelt, § 43 StGB. Es ist auch möglich, die Ersatzfreiheitsstrafe mit gemeinnütziger Arbeit abzuwenden (Art. 293 EGStGB), allerdings hängt dies von regionalen Bedingungen und entsprechenden Möglichkeiten ab, gemeinnützige Arbeit überhaupt verrichten zu können (dazu unten).

Die Geldstrafe ist die mit etwa 80% am häufigsten verhängte Sanktion. Im Jahr 2003 wurden (nur im früheren Bundesgebiet einschließlich Berlin) 736 297 Menschen verurteilt. Darunter waren 52 905 Jugendliche und 75 468 Heranwachsende, die mehrheitlich nach dem Jugendstrafrecht zu besonderen Sanktionen verurteilt wurden. 607 924 Erwachsene wurden zu 634 597

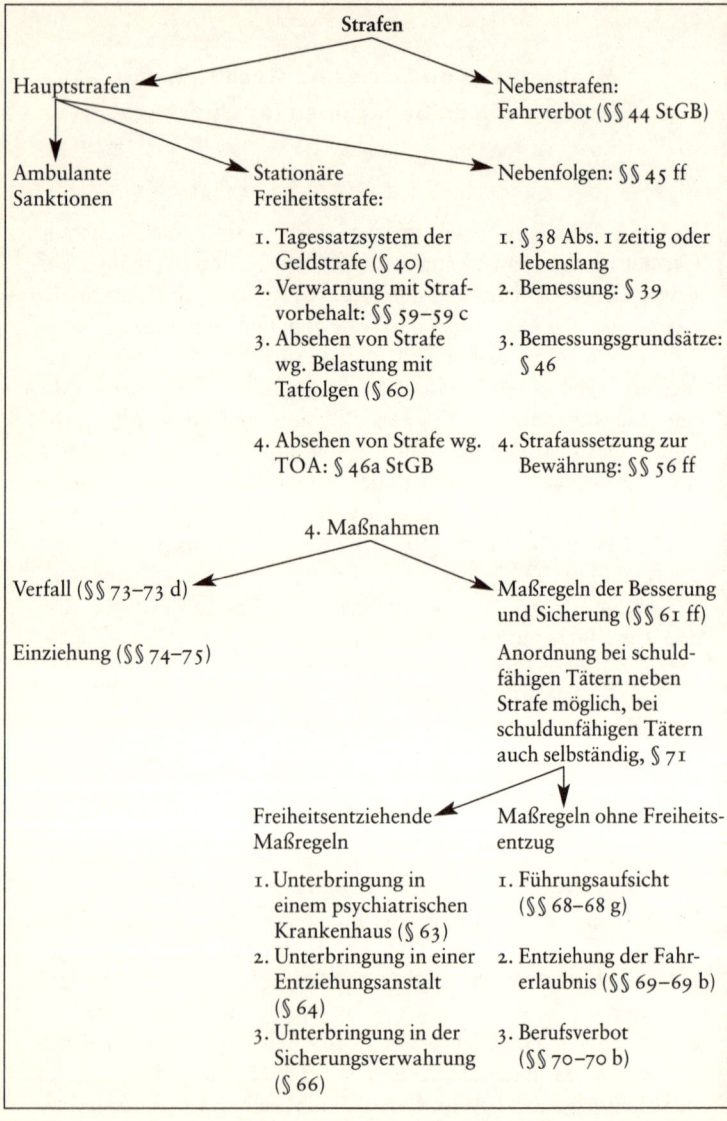

Strafen

Hauptstrafen ← → Nebenstrafen:
Fahrverbot (§§ 44 StGB)

Ambulante → Stationäre → Nebenfolgen: §§ 45 ff
Sanktionen   Freiheitsstrafe:

1. Tagessatzsystem der   1. § 38 Abs. 1 zeitig oder
   Geldstrafe (§ 40)   lebenslang
2. Verwarnung mit Straf-   2. Bemessung: § 39
   vorbehalt: §§ 59–59 c
3. Absehen von Strafe   3. Bemessungsgrundsätze:
   wg. Belastung mit   § 46
   Tatfolgen (§ 60)

4. Absehen von Strafe wg.   4. Strafaussetzung zur
   TOA: § 46a StGB   Bewährung: §§ 56 ff

4. Maßnahmen

Verfall (§§ 73–73 d) ←   → Maßregeln der Besserung
                                und Sicherung (§§ 61 ff)

Einziehung (§§ 74–75)   Anordnung bei schuld-
                              fähigen Tätern neben
                              Strafe möglich, bei
                              schuldunfähigen Tätern
                              auch selbständig, § 71

Freiheitsentziehende ←   → Maßregeln ohne Freiheits-
Maßregeln   entzug

1. Unterbringung in   1. Führungsaufsicht
   einem psychiatrischen   (§§ 68–68 g)
   Krankenhaus (§ 63)
2. Unterbringung in einer   2. Entziehung der Fahr-
   Entziehungsanstalt   erlaubnis (§§ 69–69 b)
   (§ 64)
3. Unterbringung in der   3. Berufsverbot
   Sicherungsverwahrung   (§§ 70–70 b)
   (§ 66)

Grafik 18: Strafrechtliche Sanktionen

Sanktionen verurteilt, darunter wurden 507 086, das sind 79,9 %, zu einer Geldstrafe verurteilt. Die meisten Geldstrafen werden unter 90 Tagessätzen verhängt. Diese Grenze ist wegen der Auskunftspflicht nach dem Bundeszentralregistergesetz wichtig, da man als vorbestraft gilt, wenn man zu einer Geldstrafe von mindestens 91 Tagessätzen (oder Freiheitsstrafe über drei Monate, § 32 II Nr. 5 BZRG) verurteilt wird. Tagessatzhöhen über 180 Tagessätzen sind selten.

Die zweite Hauptsanktion bei den Erwachsenen ist die Freiheitsstrafe, die nach §§ 38 und 39 StGB mindestens einen Monat und bei zeitiger Freiheitsstrafe höchstens 15 Jahre beträgt. Nur Freiheitsstrafen unter einem Jahr werden nach vollen Wochen und Monaten, darüber in vollen Monaten und Jahren bemessen. Eine Freiheitsstrafe ist aussetzungsfähig, wenn sie zwei Jahre nicht übersteigt. 2003 wurden Freiheitsstrafen in 69 % der Fälle von vornherein zur Bewährung ausgesetzt. Bezogen auf alle Sanktionen, bedeutet das eine Verurteilung zu 79,9 % Geldstrafen, 13,9 % Freiheitsstrafen, die zur Bewährung ausgesetzt werden, und 6,2 % Freiheitsstrafen ohne Bewährung. Die meisten Freiheitsstrafen werden ohnehin, von der Dauer her gesehen, im aussetzungsfähigen Bereich verhängt: 117 650 Freiheitsstrafen liegen unter zwei Jahren, 9861 darüber, so dass lange Freiheitsstrafen, insbesondere solche über fünf Jahre, statistisch selten sind.

Ein internationaler Vergleich ist wegen der unterschiedlichen Sanktionssysteme schwierig, im Vergleich zu den europäischen Nachbarländern werden in Deutschland mehr *längere* Freiheitsstrafen verhängt. Beispielsweise werden in Österreich etwa 59 % Geldstrafen, 9 % Freiheitsstrafen ohne Bewährung und 25 % Freiheitsstrafen mit Bewährung, in der Schweiz 30 % Geldstrafen, 15 % Freiheitsstrafen ohne Bewährung und über 53 % Freiheitsstrafen mit Bewährung («bedingte Verurteilung») verhängt, in Schweden 70 % Geldstrafen, 12 % Freiheitsstrafen insgesamt und 18 % andere Sanktionen. Vergleicht man Gefangenenziffern (Gefangenenzahlen bezogen auf 100 000 der Wohnbevölkerung), so lag Deutschland 1999 auf Platz 12 mit 95,8 hinter den skandinavischen Ländern (60–65), der Schweiz (85,4) und Frankreich (89,9) und vor England (106,8) und Spanien (110). Die USA

(668) und Russland (685) weisen dagegen Gefangenenziffern auf, die fast zehnmal so hoch wie in vielen europäischen Ländern liegen.

Die Höchststrafe nach deutschem Strafrecht ist die lebenslange Freiheitsstrafe, die keinesfalls, wie teilweise falsch vermutet wird, regelmäßig nach 15 Jahren Verbüßung beendet ist. Eine lebenslange Freiheitsstrafe kann tatsächlich lebenslang vollstreckt werden. Allerdings hat das Bundesverfassungsgericht schon 1977 im 45. Band, S. 187 ff., entschieden, dass aus Gründen der Menschenwürde jedem Strafgefangenen grundsätzlich eine Chance verbleiben müsse, jemals wieder in Freiheit gelangen zu können. Damit verbietet sich jeder Automatismus. Der Gesetzgeber hat daraufhin 1983 den § 57a in das Strafgesetzbuch eingefügt, wonach das Gericht die Vollstreckung eines Restes einer lebenslangen Freiheitsstrafe mit Einwilligung des Verurteilten zur Bewährung aussetzen kann, wenn mindestens 15 Jahre verbüßt wurden und nicht die besondere Schwere der Schuld des Verurteilten eine längere Vollstreckung gebietet; außerdem muss eine günstige Prognose unter der erschwerten Bedingung vorliegen, das Sicherheitsinteresse der Allgemeinheit zu beachten. Hinzu kommt eine Gnadenpraxis, die wohl dazu führt, etwa 2/3 der über 20 Jahre einsitzenden Lebenslänglichen bedingt zu entlassen.

2003 wurden wegen Straftaten gegen das Leben insgesamt 872 Menschen verurteilt, darunter 122 wegen Mordes, weitere 93 wegen versuchten Mordes, 426 wegen Totschlags und drei wegen Schwangerschaftsabbruchs. Die meisten Täter waren männliche Erwachsene. Eine lebenslange Freiheitsstrafe verbüßten im Jahr 2001 von insgesamt über 60 000 Strafgefangenen 1658 Gefangene.

Im allgemeinen Strafrecht gelten die Maßregeln der Besserung und Sicherung (§§ 61–72 StGB) als 2. Sanktionsspur, die dann zum Zuge kommt, wenn im Einzelfall die Gefährlichkeit eines Täters für die Allgemeinheit so groß ist, dass die Schuldstrafe zum Schutz der Gesellschaft nicht möglich ist (z. B. wegen Schuldunfähigkeit: §§ 20, 21 StGB) oder nicht ausreicht (z. B. wegen absehbarer Gefährlichkeit nach Ablauf einer schuldange-

messenen Freiheitsstrafe). Unter genau bestimmten Voraussetzungen sind dann möglich: die Unterbringung in einem psychiatrischen Krankenhaus (§ 63 StGB) oder einer Entziehungsanstalt
(§ 64 StGB) oder in der an eine Freiheitsstrafe anschließenden
Sicherungsverwahrung (§ 66 StGB), die Führungsaufsicht nach
einer Freiheitsstrafe (§ 68 StGB), die Entziehung der Fahrerlaubnis (§ 69 StGB) und das Berufsverbot (§ 70 StGB).

Die Entziehung der Fahrerlaubnis (neben einer Strafe) ist die
häufigste Maßregel mit knapp 134 000 Fällen jährlich, die sta-
tionären Maßregeln werden verhältnismäßig selten angeordnet:
2001 wurden 1370 Menschen in eine Entziehungsanstalt, 790
in ein psychiatrisches Krankenhaus und 74 in die Sicherungsverwahrung eingewiesen. Ende 2004 befanden sich insgesamt
342 Personen in Sicherungsverwahrung.

Informelle Erledigung von Strafverfahren

Ein Strafverfahren muss nicht mit Anklage und Verurteilung
enden. Die Staatsanwaltschaft hat die Möglichkeit, aus Gründen der Entlastung der Justiz, bei einfachen Fällen oder bei Fällen, in denen eine Hauptverhandlung nicht notwendig erscheint,
das Verfahren mit oder auch ohne Auflagen einzustellen,
§§ 153 ff. StPO. Diese Möglichkeit besteht auch nach der Anklage in der Hauptverhandlung. Beide Möglichkeiten werden im
Jugend- und Erwachsenenbereich intensiv genutzt, im Erwachsenenstrafrecht stellte 2001 allein die Staatsanwaltschaft von
4,5 Mio. Strafverfahren 21 % ohne Auflage und weitere 5 % mit
Auflage ein; angeklagt wurden 12,3 %, und in 12,9 % wurde ein
Strafbefehl beantragt. Über ein Viertel der Verfahren wird nach
§ 170 II StPO eingestellt, d. h., ein Täter konnte nicht ermittelt
werden, oder die Beweislage war für eine Anklage nicht ausreichend. Weitere 20 % werden auf sonstige Weise erledigt (fehlende Zuständigkeit, Verbindung mit anderen Strafsachen, Ver-
weis auf Privatklage u. a.). Im Jugendstrafrecht werden wohl
mittlerweile insgesamt fast 70 % aller Strafverfahren informell,
also durch Einstellung, meistens in Verbindung mit erzieheri-
schen oder normverdeutlichenden Auflagen, erledigt.

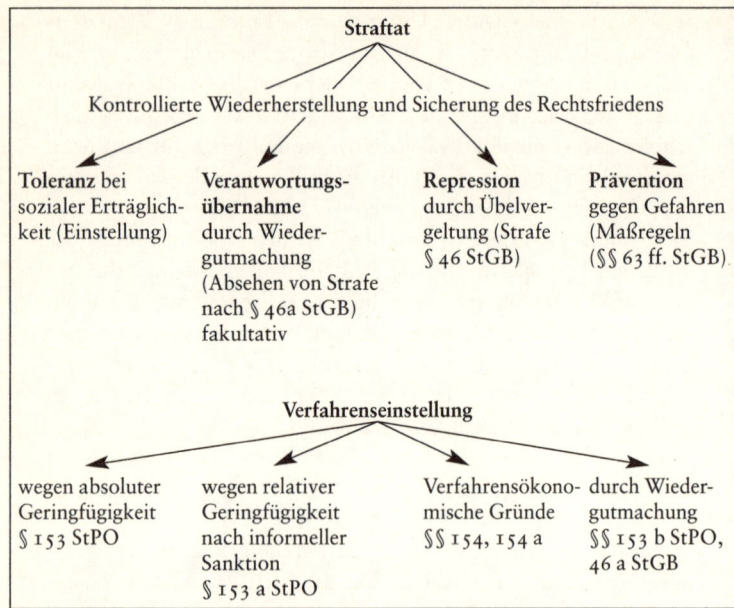

Straftat

Kontrollierte Wiederherstellung und Sicherung des Rechtsfriedens

| **Toleranz** bei sozialer Erträglichkeit (Einstellung) | **Verantwortungs-übernahme** durch Wiedergutmachung (Absehen von Strafe nach § 46a StGB) fakultativ | **Repression** durch Übelvergeltung (Strafe § 46 StGB) | **Prävention** gegen Gefahren (Maßregeln §§ 63 ff. StGB) |

Verfahrenseinstellung

| wegen absoluter Geringfügigkeit § 153 StPO | wegen relativer Geringfügigkeit nach informeller Sanktion § 153 a StPO | Verfahrensökonomische Gründe §§ 154, 154 a | durch Wiedergutmachung §§ 153 b StPO, 46 a StGB |

Grafik 19: Verfahrenseinstellungen und Sanktionen

Neue Sanktionsformen: Konstruktive Alternativen?
Wohin entwickelt sich die Sanktionsreform?

Der Blick auf die gegenwärtige Sanktionspraxis stimmt zufrieden und spricht eher gegen Änderungen. Strafrechtler und Kriminologen verweisen auf den beispiellosen Sanktionswandel in den letzten 100 Jahren, der sich von einer ständigen Abnahme vollstreckter Freiheitsstrafen hin zur Dominanz der milderen Geldstrafe mit etwa 80 % entwickelt hat. Grundsätzliche Überlegungen zum Rechtsfolgensystem im Erwachsenenstrafrecht sind damit aber noch nicht am Ende.

Die Wirkungskraft des gegenwärtigen, fest verankerten dualen Sanktionssystems aus Geld- und Freiheitsstrafe beruht auf deren rechtstechnischer Klarheit und der festen Verwurzelung in der klassischen Straftheorie. Es ist nämlich kaum eine andere, heute zulässige Übelszufügung denkbar, die der letztlich eigentlich nicht lösbaren metaphysischen Aufgabe, Schuldschwere in einer konkreten Strafe auszudrücken, so (schein?-)gerecht wird wie der Entzug von Vermögen oder Freiheit. Zumindest eine interne Rechenschiebergenauigkeit ist hier zu erreichen: Dem Unrecht und der Schuld entsprechen die Vergeltung und der Schuldausgleich in Vermögens- oder Freiheitseinbuße.

Reformüberlegungen im Erwachsenenstrafrecht, wie z. B. die gemeinnützige Arbeit, haben es schwer, Gehör zu finden. Das zeigt sich bereits bei dem Blick auf die schon bestehenden Möglichkeiten der Konfliktregulierung im Strafrecht. Bei § 153a StPO, der die Schadenswiedergutmachung, gemeinnützige Leistungen und Unterhaltszahlungen als Auflage neben der Geldbuße zulässt, steht Letztere ganz im Vordergrund. Die konstruktiven Sanktionsmöglichkeiten werden – wohl stark beeinflusst durch traditionelles Sanktionsdenken – nicht angenommen und nur selten verhängt.

Fragt man Opfer oder Personen, die sich vorstellen sollen, Opfer zu werden, was sie vom Strafrecht erwarten, wird gerade bei der Alltagskriminalität häufig Wiedergutmachung (teilweise neben gemeinnützigen Zahlungen, Leistungen oder auch Strafe) erwartet. Um soziale Konflikte zu lösen, stellen Geld- und Freiheitsstrafe keine befriedigenden Sanktionsmöglichkeiten dar. Sanktionen, die auf friedenstiftende Konfliktregulierung und die soziale Verantwortlichkeit des Täters abzielen, versuchen, die paradoxe Wirkung zu vermeiden, die den traditionellen Reaktionen anhaftet, indem auf ein bestehendes Problem immer ein weiteres draufgepackt wird: Wer eine Geldstrafe zu bezahlen hat, hat es schwerer, sich um die Wiedergutmachung bei der Gesellschaft und beim Opfer zu kümmern. Wer eine Freiheitsstrafe zu verbüßen hat, ist erst einmal von normaler Kommunikation abgeschnitten. Vor allem die Geldstrafe bietet keinen konstruktiven Ansatzpunkt, kommt allein dem Staat zugute und überlässt es Geschädigten, ein zusätzliches Zivilverfahren zu führen, um ihren Schaden beim Täter einzuklagen (der sich nach einer Verurteilung häufig für genug bestraft hält).

Täter-Opfer-Ausgleich im Strafrecht

Der Gesetzgeber hat mit dem Verbrechensbekämpfungsgesetz vom 28.10.1994 mit § 46a StGB immerhin eine fakultative Möglichkeit der Strafmilderung für jeden Fall der Wiedergutmachung vorgesehen. Wenn keine höhere Strafe als Freiheitsstrafe bis zu einem Jahr oder Geldstrafe bis zu 360 Tagessätzen verwirkt ist, kann sogar ganz von Strafe abgesehen werden. Diese gesetzliche Regelung enthält zwar keine prozessualen Vorkehrungen zur Realisierung des Täter-Opfer-Ausgleichs, sie stellt aber die Wiedergutmachung als sozialkonstruktive Alternative zur Strafe heraus. § 46a StGB kennt den Täter-Opfer-Ausgleich (Nr. 1) und die Schadenswiedergutmachung (Nr. 2). Die Unterscheidung der beiden Alternativen ist vor dem Hintergrund der kriminalpolitischen Debatte darin zu sehen, dass Täter-Opfer-Ausgleich (Nr. 1) Tatfolgenausgleich im umfassenden Sinn, also ideell und materiell, bedeutet. Die Schadenswiedergutmachung (Nr. 2) ist auf den Ersatz materieller Schäden beschränkt. Im Jugendstrafrecht ist der TOA nach § 45 Abs. 2 S. 2 JGG als Erziehungskonzept, das anderen Sanktionen vorgeht, in das Gesetz eingebaut.

Täter-Opfer-Ausgleich (TOA) eignet sich wie keine andere Reaktion, dem Täter bewusst zu machen, dass er gegen elementare Verhaltensregeln verstoßen und für die Folgen einzustehen hat. Die Verantwortungsübernahme deckt auch die dem Jugendstrafrecht zukommende Funktion der Normverdeutlichung, ohne entsozialisierend und desintegrierend zu wirken. TOA ist der klassische Fall einer integrierenden Sanktion. Er vermag insbesondere folgende Funktionen des Normlernens fördern:

- Grenzen durch Konfrontation mit den schlimmen Folgen (Normverdeutlichung) deutlich machen,
- Modellfunktion für verantwortliches prosoziales Verhalten übernehmen,
- Lernen durch konformes Verhalten fördern,
- Akzeptanz gewaltfreier Lösungsmöglichkeiten verstärken,
- Integration ermöglichen.

Straftäter neigen dazu, die Verantwortung (teilweise) auf das Opfer zu schieben. Der Normbruch ist so durch entsprechende

Rechtfertigungen (Neutralisierungen des Unrechts) für sie erträglicher. Die eigene Verantwortung wird abgelehnt und dem Opfer zugeschoben, das Unrecht der Tat wird negiert, der Schaden bagatellisiert, und schließlich wird das Opfer als Person selbst abgelehnt oder entpersonalisiert, da es minderwertig sei und das Unrecht verdient habe. Der Mechanismus der Verantwortungsverschiebung auf das Opfer trägt den Keim zu weiterem abweichenden Verhalten in sich und sollte deshalb durchbrochen werden.

Der Täter-Opfer-Ausgleich kann als einzige strafrechtliche Reaktion gewichtige Gegenakzente setzen. Das Opfer wird als Person wahrgenommen und im gelungenen Fall anerkannt, denn der Straftäter hat sich mit dem Leid des Opfers, seiner eigenen Schuld und Verantwortung intensiv auseinander zu setzen. Nach den Erfahrungen aller bisher arbeitenden Projekte gelingt es dem Straftäter hier weit weniger, seine Schuldgefühle zu neutralisieren, als in einem ausschließlichen Dialog mit dem insoweit unbeteiligten Richter. Im Vermittlungsgespräch erhält der Täter einerseits Gelegenheit, seine Handlung aus der Opferperspektive nachzuempfinden, andererseits wird es ihm ermöglicht, sich mit der Wiedergutmachung selbst von seiner Tat zu distanzieren.

Wie wirkt TOA?

Der TOA wird in der Praxis heute in rund 25 000 Fällen pro Jahr in Deutschland vor allem im Bereich der personellen Gewaltdelikte angewandt. Allein in Nordrhein-Westfalen wurden im Jahr 2001 fast 2700 Fälle nur im Erwachsenenbereich bearbeitet. Opfer und Täter sind in hohem Maß zur Mitwirkung bereit, wenn der Täter seine Schuld nicht grundsätzlich bestreitet. Erste Untersuchungen zur Rückfälligkeit zeigen eine positive Wirkungstendenz. Die Rückfalluntersuchung von 470 Fällen eines außergerichtlichen Tatausgleichs (ATA) bei Erwachsenen in Österreich mit einem dreijährigen Beobachtungszeitraum zeigte eine signifikant geringe Rückfälligkeit der Täter nach einem ATA gegenüber einer Geldstrafe. Die Rückfälligkeit nach ATA belief sich bei Ersttätern lediglich auf 10%, bei Vorbestraften

auf 30%. Im Vergleich dazu betrug die Rückfälligkeit nach einer
Geldstrafe 22% bei Nichtvorbestraften und 47% bei Vorbestraften. In ähnliche Richtung weisen die Ergebnisse zur Rückfälligkeit von Jugendlichen nach einem TOA im Projekt Hand-
schlag Lüneburg. Im Rahmen einer Promotion wurden 91 Täter
einer Körperverletzung und daran anschließendem TOA gem.
§ 45 Abs. 2 JGG mit 60 entsprechenden Tätern mit einer for-
mellen Verurteilung nach JGG verglichen. Hier wurden 56%
der TOA-Gruppe gegenüber 81% der Verurteilten wieder rück-
fällig.

Die Ergebnisse des TOA in der Praxis

Mittlerweile liegen eine Vielzahl empirischer Untersuchungen
zum Täter-Opfer-Ausgleich vor. Es existiert auch eine bundesweite TOA-Statistik, in der seit 1993 Fälle dokumentiert werden. Insgesamt wurde ein breites Spektrum von Delikten bearbeitet. Die typische Deliktsstruktur lässt sich gut an einem Beispiel – etwa dem Jahr 2001 – demonstrieren. Der Schwerpunkt
der Fälle liegt bei den Körperverletzungen, zusammengefasst im
Jahr 2001 waren dies 60,9%. Eigentumsdelikte waren die zweit-
häufigste Kategorie, aber zahlenmäßig weit weniger bedeutend
mit ca. 8,5%, gefolgt von Raub/Erpressung mit 2,7% und Sachbeschädigung mit 0,5%. Dies gilt im Erwachsenenbereich
ebenso wie für Jugendliche/Heranwachsende, wenngleich sich
kleinere Einzelheiten verschieben können.

Der TOA ist damit eindeutig kein Verfahren für Bagatelldelikte und hat seinen Schwerpunkt bei gewalttätigen Konflikten. Die bloße Abwicklung materieller Schäden tritt also in der
Bedeutung des Ausgleichs zurück. Vielmehr kann aus den kon-
stant hohen Fallzahlen im Bereich der Körperverletzungs- und
Gewaltdelikte der Schluss gezogen werden, dass Konflikt-
schlichtung und Mediation in diesem Bereich inzwischen sowohl von den Praktikern in der Justiz als auch von den Opfern
weitestgehend akzeptiert werden. Entsprechend der Deliktsstruktur war und ist der Anteil der körperlichen Schäden mit
52 bis 59% hoch. In jeweils ca. 40% der Fälle handelte es sich
dabei um leichte oder mittelschwere Beeinträchtigungen, darü-

ber hinaus aber auch um gravierende körperliche Verletzungen, teilweise mit Dauerfolgen. In 30 % der Fälle wird ein psychischer Schaden angegeben, in einem Viertel der Fälle ein Eigentumsschaden.

Die Täter sind überwiegend männlich (82 %), deutsch (76 %) und zwischen 14 und 40 Jahre alt. Über 60 % der Beschuldigten akzeptierten den gegen sie erhobenen Tatvorwurf ganz oder jedenfalls im Wesentlichen, 75 % der Täter sind zu einem Ausgleich bereit. Hauptmotiv der Täter für eine Teilnahme am TOA ist die Besserstellung im Strafverfahren, hinzu kommen aber individuelle Motive wie ein schlechtes Gewissen, der Wunsch, die Tat wiedergutzumachen, sich zu entschuldigen usw.

Opfer sind zu etwa 65 % zu einem Ausgleichsversuch bereit, daran ändert auch eine schwerere Tat nichts (Körperverletzungsdelikte – Ausgleichsbereitschaft 73 %, bei Verletzungen mit Dauerfolgen 61 %). Die Motive sind vielfältig, die Opfer wollen, dass der Täter die Verantwortung für die Tat übernimmt und um Entschuldigung bittet, einsieht, dass er sich falsch verhalten hat, dass er künftige Straftaten unterlässt, sie wollen materielle Forderungen geltend machen sowie auch Ängste und Ärger abbauen. Das Ergebnis der Ausgleichsbemühungen ist positiv. In über 80 % der Fälle kommt es zu erfolgreichen Ausgleichsbemühungen. Inhalt der Ausgleichsvereinbarungen sind häufig Entschuldigungen, die in Kombination mit anderen Maßnahmen erfolgen. Es dominieren Schadensersatzregelungen mit 42 % und Schmerzensgeldzahlungen mit 23 %. Eine Rückgabe entwendeter Sachen wird häufig bereits von der Polizei veranlasst und spielt deshalb beim TOA keine große Rolle mehr. Weiter werden Geschenke überreicht und Arbeitsleistungen für die Geschädigten erbracht.

Nach gelungenem Ausgleich wird das Verfahren zu etwa 80 % von der Staatsanwaltschaft eingestellt, in weiteren 7 % stellt der Richter das Verfahren nach TOA ohne Hauptverhandlung ein, sehr selten in der Hauptverhandlung. In den übrigen etwa 12 % der Fälle kommt es zu Strafbefehlen oder Urteilen.

Opfer und Täter sind mit dem Angebot eines Täter-Opfer-Ausgleichs sehr zufrieden, wie die qualitative Forschung zeigt.

Opfer bewerteten die Möglichkeit, mit dem Täter sprechen zu können und ihm die Tat aus ihrer Sicht und mit den Folgen schildern zu können, positiv. Sie rückten dabei oft im Gesprächsverlauf von ihren ursprünglichen finanziellen Forderungen ab. Auch die Erledigung zivilrechtlicher Angelegenheiten hat für die Opfer einen hohen Stellenwert. Täter hielten es für positiv, dem Opfer gegenüber die Tat persönlich erklären zu können. Sie nahmen vielfach die Gelegenheit wahr, den Konflikt zu bereinigen und sich zu entschuldigen, und waren teilweise überrascht, wenn Opfer von ihren ursprünglichen Forderungen abrückten. Oft empfanden sie die Vereinbarungen als adäquat und fühlten sich nicht abgestraft.

Die Beziehung zwischen Täter und Opfer wurde durch das Vermittlungsgespräch oftmals entscheidend verbessert. In vielen Fällen führten das nähere Kennenlernen des Täters und seine glaubhaften Versicherungen, das Opfer habe nichts mehr zu befürchten, dazu, den Opfern die bestehende Angst vor dem Täter und vor weiteren Gewalttaten zu nehmen.

Gemeinnützige Arbeit

Die Möglichkeit der Anordnung gemeinnütziger Arbeit besteht im Erwachsenenstrafrecht gegenwärtig im Rahmen der Einstellung nach § 153a StPO, der Straf- und Strafrestaussetzung zur Bewährung (§§ 56 ff. StGB) und des Artikels 293 EGStGB, also der Abwendung der Vollstreckung von Ersatzfreiheitsstrafen bei Uneinbringlichkeit von Geldstrafen. Insgesamt wird sie zwar nur selten angewandt, sie ermöglicht es aber gleichwohl, in Tausenden von Einzelfällen den Vollzug einer Ersatzfreiheitsstrafe zu vermeiden, und erspart Zehntausende von Hafttagen. Dennoch bleibt heute ein großer, noch ungenutzter Anwendungsbereich für gemeinnützige Arbeit übrig, da nach neueren Untersuchungen immer noch über die Hälfte aller angetretenen Freiheitsstrafen unter sechs Monaten liegen.

Positive Erfahrungen sind insoweit im europäischen Ausland, z. B. in England und Wales und in den skandinavischen Ländern, gemacht worden. In Dänemark ist die gemeinnützige Arbeit die

Sanktion mit der bei weitem geringsten Rückfallrate. Auch in England und Wales hat die gemeinnützige Arbeit die geringsten Rückfallraten (gemessen in erneuten Verurteilungen) und erfreut sich bei den Gerichten großer Beliebtheit. Im Jahre 1997 (Arbeitsbeginn) leisteten dort 47 000 Personen gemeinnützige Arbeit aufgrund einer «community service order».

Ein Entwurf des Bundesjustizministeriums von 1999 enthält zentrale Aussagen zur kriminalpolitischen Zielrichtung und zur vorgesehenen Ausgestaltung der gemeinnützigen Arbeit: Stärker als andere Sanktionen kann die gemeinnützige Arbeit der Verwirklichung verschiedener Strafzwecke dienen. Durch Einbuße und Einsatz von Arbeitskraft kann bei leichteren und mittelschweren Delikten die Tatschuld ausgeglichen und im Sinne eines spezialpräventiven «Denkzettels» auf den Täter eingewirkt werden. Vor allem aber ist sie ein Mittel der positiven Spezialprävention, denn sie stellt eine aktive Leistung des Täters zur Aussöhnung mit der Gesellschaft dar und verdeutlicht seine soziale Verantwortung. Sie bringt den Straftäter in Kontakt mit positiven Rollenvorbildern, nämlich mit Menschen, die im Rahmen eines Haupt- oder Ehrenamtes Dienst an der Gemeinschaft leisten.

Aufgrund bisheriger Erfahrungen stellen sich erhebliche praktische Probleme, die entsprechenden Arbeitsplätze beim Umweltschutz, bei sozialen Hilfsdiensten, in der Kommunalverwaltung und karitativen Organisationen zu beschaffen und die Arbeit konkret zu organisieren. Modelle gemeinnütziger Arbeit sind vor allem dann erfolgreich, wenn die Verurteilten mit häufig erheblichen sozialen und materiellen Problemen sozialarbeiterisch beraten und begleitet wurden. Erst dann sind wirklich haftvermeidende Auswirkungen zu erwarten.

Elektronisch überwachter Hausarrest

Der elektronisch überwachte Hausarrest ist zunächst im Ausland in die kriminalpolitische Diskussion gebracht worden. Zur Entlastung des überbordenden Strafvollzugs in den USA und zur besseren Überwachung der Bewährungszeit wird er bereits seit

1983 in den USA praktiziert. Der Verurteilte wird in der Regel mit seiner Zustimmung verpflichtet, den Wohnbereich nicht oder – häufiger – nur zur Arbeit zu verlassen. Ein Minisender am Körper lässt eine computergesteuerte Überwachung zu. Neben solchen sehr effektiven Aktivüberwachungssystemen ist auch eine passive Überwachung durch vorgeschriebene elektronische Meldungen des Verurteilten möglich.

Die Erfahrungen im europäischen Ausland mit dem «electronic monitoring (EM)» beschreibt der Leiter einer Bewährungshilfeorganisation wie folgt: 1995 hatte EM in den Niederlanden einen etwas vorsichtigen Start, aber das Versuchsprojekt, das zu keiner Zeit mehr als 50 Straftäter betraf, hatte hervorragende Ergebnisse, und man hat eine Erweiterung über das ganze Land für die nächsten zwei Jahre vorgesehen. Bis jetzt haben 330 Menschen teilgenommen, 80 % von ihnen sind Strafentlassene, die den letzten Teil ihrer Freiheitsstrafe unter Aufsicht in der Gesellschaft verbrachten und elektronisch überwacht wurden, als Teil einer strukturierten Wiedereingliederung in die Gesellschaft. Die anderen 20 % sind Verurteilte, für die EM als eine Gefängnisalternative galt, meistens in Verbindung mit gemeinnütziger Arbeit. Ein Experiment in den Niederlanden bezieht sich auf die Anwendung nach einer Gefängnisstrafe, bei der EM Teil eines 24-Stunden-Programms mit vier Elementen ist. Programmaktivitäten beanspruchen durchschnittlich 30 Stunden pro Woche, einschließlich Arbeit, Ausbildung und (Weiter-) Bildung. Soziale Aktivitäten wie Sport, Kirchgänge usw. werden nach dem Zufallsprinzip kontrolliert. Es besteht kein allgemeiner Anspruch auf «freie» Zeit. Teilnehmer beginnen das Programm normalerweise nur mit zwei freien Stunden jeden Samstag und Sonntag, die nach einem Monat auf vier Stunden und danach immer weiter bis zu ganz freien Wochenenden während des laufenden Programms erweitert werden können. Die Restzeit wird zu Hause verbracht und ist folglich die Zeit der Ausgangssperre.

In Großbritannien hat 1999 eine große Ausweitung der EM begonnen. In Deutschland ist bisher nicht daran gedacht, die elektronische Überwachung als Hauptstrafe – sozusagen im

Sinne einer «Freiheitsstrafe» – einzusetzen. Sie soll zunächst in unterschiedlicher Form als Variante des Strafvollzugs erprobt werden. Dabei vertreten die Bundesländer als Träger des Strafvollzugs höchst unterschiedliche Anforderungen. Baden-Württemberg will in den Modellversuch Täter einbeziehen, die zu Geldstrafen verurteilt wurden, diese aber nicht bezahlen können. Hamburg will Täter mit Freiheitsstrafen von bis zu sechs Monaten oder einer Reststrafe von sechs Monaten einbeziehen. In Hessen soll dagegen die Fußfessel zur besseren Kontrolle von Straftätern eingesetzt werden, die zur Bewährungsaufsicht verurteilt wurden. In allen Modellen verläuft die Überwachung gleich. Begründet werden die Modellversuche mit den sozialen Folgen einer Haftstrafe, wie etwa dem drohenden Verlust des Arbeitsplatzes oder negativen Auswirkungen des Vollzuges. Die Mehrzahl der Verurteilten komme dafür nicht in Betracht, wie etwa Sexual- oder Gewalttäter. Insgesamt geht es nur um eine kleine Gruppe von Straftätern, deren Sozialisierung halbwegs erhalten werden kann.

Den Chancen und positiven Ansätzen dieser neuen Sanktionsvariante stehen Einwände entgegen, die bei der Erprobung genau analysiert werden müssen. Denkbar wäre die soziale Benachteiligung von Tätern, die über keine Wohnung bzw. keine Infrastruktur für die Überwachung (Telefon) verfügen. Es droht dann die Abschiebung in die eigene Wohnung mit allen sozialen Problemen, einer möglichen Eskalation familiärer Probleme und dem Täter als Objekt technischer Überwachung.

Wie wirkt Strafe?

Im heutigen modernen Rechtsstaat sollen Strafen viele soziale Zwecke erfüllen. Strafe um der Strafe willen, gewissermaßen als Selbstzweck, ist nicht möglich. Die Strafe soll Schuld vergelten, und zugleich ist die Schuld Grundlage der Strafzumessung, das bedeutet nach § 46 StGB eine Begrenzung und Verhinderung übermäßiger Bestrafung. Niemand soll über das Maß seiner Schuld hinaus, also über das, was er zu verantworten hat, hinaus, bestraft werden. Auf dieser Basis dient die Strafe sozialen

Zwecken. § 46 Abs. 1 Satz 2 besagt: «Die Wirkungen, die von der Strafe für das künftige Leben des Täters in der Gesellschaft zu erwarten sind, sind zu berücksichtigen.» Strafrechtstheoretisch folgt das Strafrecht damit der sogenannten Vereinigungstheorie, die auf der Grundlage der Schuld spezial- und generalpräventive Zwecke verfolgt. Die Abschreckung der Allgemeinheit (negative Generalprävention) tritt hinter Bemühungen um positive und negative Spezialprävention (Resozialisierung, Rückfallverhinderung des einzelnen Täters, Schutz der Allgemeinheit vor diesem Täter) und positive Generalprävention (Bestärkung der Allgemeinheit in Norm- und Rechtstreue) weitgehend zurück. Das Strafvollzugsgesetz von 1976 folgt mit dem Vollzugsziel der Resozialisierung entschieden der Spezialprävention. Auf die Wiedereingliederung in die Gesellschaft ist das gesamte Programm des Vollzuges auszurichten. Das ist nicht etwa naiver Glaube an das Gute, sondern die Einsicht, Kriminalität, Rückfall und neues Opferleid nur durch eine Änderung von Lebensbedingungen und Werthaltungen des verurteilten Täters verhindern zu können. Fast jede Freiheitsstrafe endet mit Ablauf des festgesetzten Entlassungszeitpunktes. Würde in dieser Zeit lediglich eine – vermeintlich – sichere Unterbringung des Gefangenen ohne Behandlungsmaßnahmen und Lockerungen wie Urlaub, Ausgang, offenen Vollzug, Freigang stattfinden, stelle man sich die negativen Konsequenzen bei derart behandelten Menschen vor. Der moderne Strafvollzug versucht in Deutschland in fast 400 Anstalten ganz unterschiedlicher Art und Größe, von kleinen offenen Häusern mit etwa 20 Plätzen bis zu Hochsicherheitsanstalten mit etwa 700 Gefangenen, zu differenzieren und damit Täterbehandlung und Sicherheitsbedürfnis der Allgemeinheit in einen Ausgleich zu bringen.

Für die Unterbringung «gefährlicher» Personen aus Gründen der Sicherung auch ohne persönliche Schuld stehen Maßregelvollzugseinrichtungen in psychiatrischen Landeskrankenhäusern oder in der Sicherungsverwahrung, einer Sonderform des Strafvollzuges, zur Verfügung. Hier werden zum einen psychisch kranke Täter, die entweder als schuldunfähig oder als vermindert schuldfähig gelten, zum anderen Täter mit hoher Rückfallgefahr aufgrund ihrer Gefährlichkeit untergebracht, bis man unter Umständen eine Lockerung oder Freilassung riskieren kann. Manche Täter bleiben für ihr gesamtes weiteres Leben in solchen Anstalten untergebracht, weil weitere schwere Taten nicht ausgeschlossen werden können und ein Behandlungsfortschritt nicht festgestellt werden kann.

Die Erwartungen, die in das Strafrecht gesetzt werden, können häufig nicht erfüllt werden. Empirische Untersuchungen zeigen eine *begrenzte* Wirkung von Strafdrohungen und der Verhängung von Strafen. Den Versuch, die Begehung von Straftaten durch Abschreckung (Strafdrohung, Erhöhung der Entdeckungswahrscheinlichkeit, Ankündigung unangenehmer Konsequenzen) der Allgemeinheit zu verhindern, nennt man Generalprävention. In einer positiven Variante geht es aber auch um die Bestärkung der Allgemeinheit in Normtreue: Wenn Delikte sanktioniert werden, kann sich daraus auch für die Allgemeinheit die Überzeugung festigen, ein strafrechtliches Verbot bestehe zu Recht, und man soll sich nach der Verhaltensnorm richten (etwa nicht stehlen). Richtet sich die Abschreckung oder der Versuch der Besserung, um Rückfall zu vermeiden (Resozialisierung) an den Einzelnen, spricht man von Spezialprävention.

Aus der Schwierigkeit, Wirkungen von strafrechtlichen Sanktionen in einem so komplexen Gebiet wie dem menschlichen Verhalten zu bestimmen, darf umgekehrt nicht der Schluss gezogen werden, Strafrecht sei gänzlich unwirksam, und man könne es folglich abschaffen oder entschieden zurückdrängen.

In einem modernen Staat ist aber immer zu fragen, ob die strafrechtlichen Sanktionen und Bemühungen um Kriminalprävention richtig und angemessen sind. In diesem Sinn sind auch die Bemühungen um Wiedergutmachung und die Einbeziehung des Opfers in die strafrechtliche Reaktion zu verstehen, wie sie sich aus folgender Grafik abstrakt ergeben.

	Repressive Strafjustiz	Resozialisierende Strafjustiz	Restorative Justice
Einwirkung	Abschreckung	Effektive Behandlung	Tatfolgen-ausgleich
Ebene	Ordnung	Täter	Sozialer Konflikt
Inhalt	Schmerz-zufügung	Therapie	Normver-deutlichung
Reaktion beruht auf	Schwere des Delikts	Notwendige Behandlung	Opferleid
Endziel	Absolute Gerechtigkeit	Konformes Verhalten	Wiederherstellung des Gemein-schaftsfriedens

Grafik 20: Strafzwecke und Strafrechtssystem

Rückfallvermeidung und Behandlungsstrategien

Rückfallforschung ist schwierig. Es handelt sich um Spezialprävention, also den Versuch, einer erneuten Straftat derselben Person vorzubeugen. Strafrechtliche Sanktionen sollen vor allem den Rückfall verhindern. Wie man Rückfall definiert, ist umstritten. Lediglich eine erneute Straffälligkeit festzustellen, kann wenig aussagen. Begeht der zuvor wegen mehrerer schwerer Gewaltstraftaten Verurteilte eine folgenlose Trunkenheitsfahrt, ist das selbstverständlich weniger relevant als ein Tötungsdelikt.

Art, Geschwindigkeit, Häufigkeit des Rückfalls und die Art der erneuten strafrechtlichen Sanktionen sind wichtige Kriterien. Ob es gelingt, den Rückfall zu verhindern, ist in Deutschland weitgehend unbekannt. Fast alle Bemühungen um Rückfallzahlen geschehen zudem im Hellfeld anhand von Bundeszentralregisterauszügen. Damit ist von vornherein nur eine beschränkte Aussage über die erneute offizielle Registrierung oder erneute Verurteilung möglich. Im Dunkelfeld verbleibende Taten können in Rückfallstudien schwer überprüft werden (durch Eigenbericht der Täter oder zuverlässige Angaben Dritter). Rückfall wird auch im Wesentlichen durch Legalbewährung gemessen.

Andere Effekte von Behandlungsmaßnahmen im Zusammenhang mit strafrechtlichen Sanktionen können langfristig jedoch
von positiver Bedeutung sein. Sie müssen gesondert erforscht
werden.

Im Jahr 2003 wurde nach früheren Auswertungen des Bundeszentralregisters erstmals eine Rückfallstatistik im Auftrag
des Bundesjustizministeriums veröffentlicht, während es bislang
mit den vorhandenen Rechtspflegestatistiken und Einzelstudien
nicht möglich war, umfassende Aussagen über den Rückfall zu
treffen.

Aufgrund der Daten des Bundeszentralregisters sind Aussagen über verallgemeinerbare Rückfallraten von Personen möglich, die im Jahr 1994 nach Erwachsenen- oder Jugendstrafrecht sanktioniert wurden. In einem Rückfallzeitraum von vier
Jahren wurde allgemein etwa ein Drittel (35%) erneut registriert. Differenzierte Auswertungen zeigen eine geringere Legalbewährung, je schwerer die Sanktion war. Die höchste Rückfallquote wurde nach Jugendstrafe ohne Bewährung mit 78%
registriert, gefolgt von Jugendstrafe mit Bewährung (Rückfall
60%) und Freiheitsstrafe ohne Bewährung (Rückfall 56%), die
geringste Rückfallquote war nach Geldstrafe mit 30% festzustellen. Rückfall bedeutet nicht sogleich Rückfall mit einer sta-
tionären Sanktion. Wer eine Jugendstrafe verbüßt hat, kehrt zu
45%, wer eine Freiheitsstrafe verbüßt hat, kehrt zu 29% in den
Strafvollzug zurück. Zusammenfassend stellt sich Straffälligkeit also bei den meisten Personen als einmaliges Ereignis dar,
und das Risiko erneuter Verurteilung steigt mit der Schwere der
Sanktion.

Pauschale Vermutungen über den Rückfall sind damit falsch.
Dies zeigen auch Rückfalluntersuchungen bei bestimmten Deliktsgruppen. Nach mehreren Verlaufsuntersuchungen zum
Rückfall von Sexualstraftätern muss zunächst zwischen den
Tätern differenziert werden (u. a. Vergewaltiger, Kindesmiss-
braucher). Der einschlägige Rückfall liegt nach Kontrolle offi-
zieller erneuter Registrierungen (Bundeszentralregisterauszüge)
bei 12–15%, und zwar auch nach fundierten internationalen
Studien. Allgemein wird jedoch ein sehr hohes Dunkelfeld ange-

nommen, das auch durch eingeschränkte Anzeigebereitschaft verstärkt wird. Somit ist von höheren Prävalenzraten und höheren Rückfallquoten auszugehen, allerdings können realistische Dunkelzifferrelationen nicht angegeben werden.

Sozialtherapeutische Anstalten verhindern den Rückfall etwas besser als der Normalvollzug. In diesen 27 Anstalten werden spezielle Behandlungsprogramme durchgeführt, die vor 2003 von den Gefangenen freiwillig genutzt werden konnten. Seit dem 1.1.2003 müssen behandlungsfähige Sexualstraftäter in einer sozialtherapeutischen Anstalt untergebracht werden. Die etwa 1100 Haftplätze reichen bislang nicht aus. Es fehlt auch an qualifiziertem Personal. Positiv haben sich in diesem Zusammenhang Erprobungen kognitiv-behavioraler Programme zur Behandlung von Sexualstraftätern gezeigt. Ebenso wie internationale Studien und die vor allem in Kanada und in England erprobten verhaltenstherapeutischen Programme zeigen Erfahrungen in Deutschland (z. B. Niedersachsen), dass der einschlägige Rückfall um etwa die Hälfte sinkt. Der weitere positive Effekt liegt in der Evaluation und im Austausch über wirksame Standards und Kriterien in der Täterbehandlung. Galten noch vor etwa 15 Jahren Sexualstraftäter als eine Gruppe, über die man wenig wusste, die nicht in die sozialtherapeutischen Anstalten aufgenommen wurden und für die man kaum Behandlungskonzepte vorlegen konnte, hat sich das Bild deutlich verbessert. Auch auf der empirisch deskriptiven Ebene zeigen aktuelle Untersuchungen etwa der Kriminologischen Zentralstelle in Wiesbaden oder des Bundeskriminalamtes heute ein differenziertes Bild.

Die Wirkung von Antiaggressivitätstraining mit Gewalttätern im Strafvollzug auf die Legalbewährung ergab keine Unterschiede zwischen solchen Gefangenen, die das Training durchlaufen hatten, und solchen aus einer parallelisierten Vergleichsgruppe, die das Training nicht absolviert hatten. In beiden Gruppen kam es in etwa 63 % der Fälle zum Rückfall, in etwa 34 % zum Gewaltrückfall, und die Gruppen gleichen sich in Häufigkeit und Geschwindigkeit des Rückfalls. Lediglich bei der Schwere der erneuten Gewalttat war das Antiaggressivitätstraining erfolgreicher. Allerdings ist zur Interpretation nicht auf die Erfolglosigkeit des Trainings zu schließen, da die Teilnehmer insgesamt schwere Gewaltdelikte begangen hatten und der Rückfall in einer anderen Jugendanstalt hätte höher ausfallen können; die Teilnehmer der Kontrollgruppe hatten andere intensive Maßnahmen, etwa Sozialtherapie, durchlaufen.

Strafverfahren im Überblick

Das deutsche materielle Strafrecht wird verstanden als Summe der Rechtsnormen, die an eine begangene Tat (ein bestimmtes menschliches Verhalten) strafrechtliche Sanktionen anknüpfen. Die wesentliche Rechtsgrundlage ist das StGB. Das Strafrecht regelt die Voraussetzungen der Strafbarkeit und die einzelnen Merkmale des strafwürdigen Verhaltens, es droht neben den Strafen, die die Schuld des Täters voraussetzen, weitere Sanktionen an, darunter insbesondere auch Maßregeln der Besserung und Sicherung. Das formelle Strafrecht (Strafverfahrensrecht oder Strafprozessrecht) regelt die Durchsetzung des Strafrechts. Die Rechtsgrundlage ist die StPO.

Die Durchführung des Strafverfahrens dient der Feststellung und Durchsetzung des staatlichen Strafanspruchs, der Gewährung eines rechtsstaatlichen Verfahrens und der Herstellung von Rechtsfrieden. Es ist damit ausgeschlossen, die Wahrheit um jeden Preis zu erforschen, weil nur eine an rechtliche Grenzen gebundene Aufklärung von Straftaten die Gefahr der Zerstörung gemeinschaftlicher und persönlicher Werte als das größere Übel verhindern kann. Eine prozessordnungsgemäße Durchsetzung des staatlichen Strafanspruchs hat damit Individualinteressen eines Verdächtigen zu beachten, weshalb Vernehmungsmethoden, die den Willen eines Verdächtigen unangemessen beeinträchtigen, verboten sind (§ 136a StPO). Opfer haben im Strafverfahren weniger Rechte als Beschuldigte und genießen auch keine eigene Subjektstellung. Die staatliche Strafe muss jedoch trotz des Gebotes, die Rechte des Beschuldigten zu wahren, am Ende der Herstellung von Rechtsfrieden dienen. Hier können Opferinteressen eine erhebliche Rolle spielen. Die staatliche Strafe dient nicht metaphysischen Zwecken wie etwa der Herstellung der Gerechtigkeit in einem von sozialen Erwägungen losgelösten Sinn.

Das gesamte Strafverfahren muss sich an einer Reihe unverzichtbarer Grundsätze, den sogenannten Prozessmaximen, orientieren. An ihnen ist die Zulässigkeit jeder strafprozessualen Maßnahme zu messen.

Das Strafverfahren wird grob unterteilt in Erkenntnisverfahren und Vollstreckungsverfahren (§§ 449 ff. StPO). Ein Strafverfahren beginnt mit einem Verdacht und endet mit einer Entscheidung. Das Erkenntnisverfahren zielt darauf ab, die Schuld oder Unschuld eines Verdächtigen und, daran anknüpfend, eine Strafe oder eine Maßregel der Besserung und Sicherung rechtskräftig festzustellen.

Die Staatsanwaltschaft führt das Ermittlungsverfahren und entscheidet über die Beendigung dieses Verfahrensstadiums. Entweder stellt sie das Ermittlungsverfahren gemäß § 170 II StPO ein, weil die Beweislage gegen einen Beschuldigten nicht für eine Anklage ausreicht oder ein Beschuldigter gar nicht ermittelt werden kann. Oder sie erhebt Anklage zum sachlich und örtlich zuständigen Gericht durch Einreichung einer Anklageschrift, weil sie genügenden Anlass zur Erhebung dieser öffentlichen Klage sieht, also eine gewisse Verurteilungswahrscheinlichkeit annimmt. Sie kann unter bestimmten Voraussetzungen auch den Erlass eines Strafbefehls beantragen. Dieser Normalfall der StPO folgt (neben anderen Verfahrensgrundsätzen) dem Legalitätsprinzip (Verfolgungszwang) und dem Anklagegrundsatz. Eine wesentliche Durchbrechung erfahren diese Grundsätze durch das Opportunitätsprinzip. Danach hat die Staatsanwaltschaft die Möglichkeit, eine grundsätzlich für eine Anklage ausreichende Fallkonstellation aus anderen Erwägungen als in ihrem Ermessen stehend einzustellen. Dies gilt insbesondere dann, wenn sie bei einem Vergehen die Schuld des Täters als gering ansieht und kein öffentliches Interesse an einer Strafverfolgung besteht (§ 153 StPO) oder wenn ein öffentliches Interesse an einer Strafverfolgung durch Auflagen und Weisungen an den Beschuldigten beseitigt werden kann (§ 153a StPO; es existieren für weitere Fälle spezielle Vorschriften). Die wichtigsten Auflagen in der Praxis sind die Zahlung eines Geldbetrages an eine gemeinnützige Einrichtung oder an die Staatskasse, § 153a Abs. 1,

Satz 2 Nr. 2 StPO. Dieses von der StPO als Ausnahmefall konzipierte Modell hat in der Praxis mittlerweile eine enorme Bedeutung bei der Erledigung strafrechtlicher Ermittlungsverfahren. Mit dieser Grundlegung ist aber auch klargestellt, dass die Polizei im deutschen Strafverfahren keine eigenständige Zuständigkeit für den Abschluss eines Ermittlungsverfahrens besitzt. Die Polizei ermittelt aber faktisch eigenständig in einer Vielzahl von Verfahren und nimmt auch entscheidende Ermittlungsschritte selbständig vor. Die Strafverfolgungsbehörden sind ausdrücklich verpflichtet, auch die zur Entlastung eines Verdächtigen führenden Umstände zu ermitteln (§ 160 II StPO).

Im Hauptverfahren wird die Hauptverhandlung vorbereitet (§§ 213–225a) und durchgeführt (§§ 226–275). Hier werden der Angeklagte gehört (wenn er zur Aussage bereit ist), Zeugen vernommen, Sachverständige angehört, Urkunden verlesen und Beweismittel in Augenschein genommen. Im Anschluss an die Beweisaufnahme folgen Plädoyers der Staatsanwaltschaft, der Verteidigung und das letzte Wort des Angeklagten. Das Gericht entscheidet und verkündet nach Beratung das Urteil.

Kriminalprävention –
Strategien zur Verhinderung von Kriminalität

«Besser ist es, den Verbrechen vorzubeugen, als sie zu bestrafen.»

Cesare Beccaria, dei delitti e delle pene (1764), dt. Übersetzung,
Über Verbrechen und Strafen, 1988, 167

Die Idee der kommunalen Kriminalprävention

Die Idee der kommunalen Kriminalprävention ist aktuell sehr bedeutsam. Das Konzept der Kriminalprävention (Verhinderung von Straftaten) ist alt, jedoch hat man in den letzten Jahrzehnten vor allem auf Polizei und Justiz gesetzt, um Straftaten zu bekämpfen und zu verhindern. Zurzeit erleben wir eine starke Dominanz gesamtgesellschaftlicher Bemühungen, um Kriminalität zurückzudrängen.

Kommunale Kriminalprävention versucht Kriminalität und Kriminalitätsfurcht durch Bemühungen auf der Ebene einer Stadt oder Gemeinde unter Einbeziehung verschiedener Akteure (Bürger, Polizei, Institutionen, z. B. Schulen oder Vereine) zu senken. Vielerorts sind mittlerweile auch kriminalpräventive Räte entstanden, in denen Personen zusammenkommen, die Informationen über spezifische Kriminalitätsprobleme einer Kommune austauschen und vernetzt versuchen, Kriminalität zu reduzieren. Diese Konzentration auf die lokale Ebene ist prinzipiell sinnvoll, weil ungefähr 70% der polizeilich erfassten Delikte am Wohnort oder in unmittelbarer Nähe begangen werden und vor Ort jede Kriminalitätslage ihre Besonderheiten aufweisen kann. Es existiert also bei vielen Delikten ein starker örtlicher Bezug, und ein Einfluss auf Täter- und Opferverhalten sowie auf vielfältige Risikolagen ist anzunehmen, wenn die richtigen Maßnahmen gewählt werden und auf die spezifischen Problemlagen differenziert reagiert wird. Offenkundig sind Kriminalitätsprobleme in einer Großstadt andere als in ländlich strukturierten Gemeinden, und die Kriminalitätsbelastung ist regional höchst unterschiedlich verteilt. Gerade die differenzierte Reaktion nach einer Regionalanalyse verspricht deshalb hohen Erfolg. Allerdings ist immer noch zu wenig bekannt, welche Konzepte tatsächlich kriminalitätsreduzierend wirken und welche nicht. Auch die Einflussmöglichkeiten der Kommune auf die Umsetzung wirksamer Maßnahmen ist noch nicht genügend bekannt. Ein Risiko könnte darin liegen, durch die falschen Maßnahmen Kriminalität sogar zu verfestigen bzw. zu verlagern oder erhöhte Kriminalitätsfurcht auszulösen. Der Ursprung kommunaler Kriminalprävention liegt in den USA, dort sind viele Präventionsprojekte polizeilich geprägt und heben den Ordnungscharakter deutlich hervor. Hiervon unterscheiden sich die deutschen Bemühungen erheblich. Amerikanische Konzepte wie «zero tolerance» und der Broken-Windows-Ansatz sind aber auch für die deutsche Kriminalprävention bedeutsam. Die Kriminologen Dieter Hermann und Christian Laue vom Kriminologischen Institut in Heidelberg haben die Anwendung dieser populären amerikanischen Ideen auf deutsche Kommunen untersucht. Danach unterscheiden sich deutsche von amerikanischen Verhältnissen. Wir haben es in Deutschland nicht mit derart segregierten Wohnvierteln und desolaten Lebensverhältnissen zu tun, dass rigide Ordnungskonzepte erfolgversprechend wären. Übertragbar sind allerdings abgewandelte Ideen auf problematische Stadtteile und führen bei einer Kombination von städtebaulichen Maßnahmen mit einer Verbesserung des Wohnumfeldes und sozialen Maßnahmen durchaus zu einer Abnahme von Verbrechensfurcht, nachfolgendem Vermeideverhalten und kehren den Niedergang von Stadtvierteln um. Die Kriminalität und das Problemverhalten lassen sich in solchen Problemvierteln jedoch nur langfristig beeinflussen, weil diese vor allem mit dem Lebensstil der Bewohner und der geringen sozialen Kontrolle zusammenhängen.

Evaluationsforschung: Was wirkt?

Eine bedeutsame Frage für die Zukunft liegt in der Wirkungsforschung der Kriminalprävention. Welche Maßnahmen wirken kriminalitätsverhindernd und welche nicht? Wie kann man möglichst wirksame Programme umsetzen und falsche Effekte (Kriminalitätsanstieg oder Ressourcenverschwendung) vermeiden? Fragen nach wirksamer Kriminalprävention stehen in Deutschland noch immer am Anfang, während im Ausland zum Teil recht gute wissenschaftliche Erfahrungen vorliegen. Im Idealfall wird mit Experimentalgruppen gearbeitet, bei der eine Gruppe einer kriminalpräventiv als erfolgreich eingeschätzten Maßnahme ausgesetzt wird und eine vergleichbare Gruppe nicht. Zeigt die Gruppe, die die Maßnahme durchlaufen hat, kriminalitätsreduzierende Effekte, kann ihre Wirksamkeit angenommen werden. Solche Experimente sind jedoch höchst selten und werden zum Teil auch als ethisch problematisch betrachtet. Aber auch methodisch weniger anspruchsvolle Methoden wie eine Untersuchung der Situation vor und nach Einsatz des Programms und über einen gewissen Zeitraum findet meistens nicht statt.

Die Verhinderung von Straftaten ist besser als ihre Bestrafung. Wie aber verhindert man Gewalt in der Schule, Überfälle auf Straßen, Wohnungseinbruch, Sachbeschädigungen, Korruption, Betrug und andere Straftaten? Ob es sinnvoll ist, Videoüberwachungen einzusetzen, Antigewaltprogramme an Schulen und Projekte zur Stärkung zivilgesellschaftlichen Engagements gegen rechte Gewalt umzusetzen, was Städte und Kommunen unternehmen können, um die «richtigen» Programme zu fördern, wird zu wenig wissenschaftlich hinterfragt. Die Wirkungsforschung ist wenig entwickelt, und Kommunen und Institutionen, die zu Recht fragen, in welche präventiven Aktivitäten sie angesichts der enormen Vielfalt kriminalpräventiver Projekte investieren sollen, wird wenig Orientierung geboten.

Nach dem «Düsseldorfer Gutachten», das im Auftrag der Stadt Düsseldorf erstellt wurde, um den Ertrag der kriminalpräventiven Wirkungsforschung einschätzen zu können, ist es immerhin bereits möglich, Leitlinien für angewandte Kriminalprävention zu erstellen. Zu unterscheiden ist zwischen spezifischer und unspezifischer Kriminalprävention. Bei der unspezifischen Kriminalprävention geht es um die Förderung struktureller gesellschaftlicher Basisbedingungen. Hier ist festzuhalten, dass solche allgemeinen Maßnahmen (z. B. das gesetzliche Verbot der Kindesmisshandlung) wichtig sind, aber als Maßnahmen der Kriminalprävention im komplexen Sozialisationsgeschehen nicht zu isolieren sind.

Spezifische Kriminalprävention zielt auf Kriminalitätsrisiken, speziell auf gefährdete Kinder und Jugendliche in Familie, Vorschule, Kindergarten, Kommune und Schule. Rückfallverhindernde Maßnahmen richten sich an Menschen, die bereits durch Straftaten aufgefallen sind. Effektive Kriminalprävention zeichnet sich bei Interventionen ab, die sich unmittelbar gegen das strafbare Verhalten richten und möglichst früh, intensiv und umfassend bei Multiproblemfällen ansetzen oder auf die Behandlung bestimmter Auffälligkeiten setzen. Interventionsprogramme richten sich dabei unmittelbar gegen das strafbare Verhalten auf der Basis von Normverdeutlichung und sozialer Kontrolle. Soziale Integrationsprogramme sollten möglichst früh im Kindesalter ansetzen und Risikofaktoren für delinquentes Verhalten vermindern. Intervention und Integration setzen im Kernbereich der Sozialisation an: in Familie, Schule, Freizeitbereich und Wohnumgebung. Dem Gedanken der Wiedergutmachung, Verantwortungsübernahme und Opferunterstützung kommt wesentliche Bedeutung zu.

Beispiel: Die Wirkungen der Frühprävention: Das Perry-Preschool-Programm

Die Perry Preschool Studie ist eine der eindrucksvollsten und wichtigsten Studien zur Wirkung der Frühprävention. Es ist eine seit 1960 laufende Langzeitstudie mit Vorschulkindern in Michigan/USA. In das Programm gelangten Anfang der 1960er Jahre mehr als 120 Kinder mit drei Jahren aus Familien mit schwachem sozialökonomischen Status, niedrigem Bildungsniveau und weiteren sozialen Auffälligkeiten. Diese Kinder wurden zufällig auf die Untersuchungsgruppe (U-Gruppe) und Vergleichsgruppe (V-Gruppe) zu je 60 Probanden verteilt. Die Besonderheit des

Untersuchungskonzepts liegt darin, dass die 60 Kinder der U-Gruppe zwei Jahre lang im Alter von drei bis fünfJahren durch ausgebildete Lehrkräfte in Kleingruppen (1:6) pro Wochentag für 2,5 Stunden und einem wöchentlichen Hausbesuch bei der Familie intensiv betreut wurden. Das Erziehungsprogramm basierte auf dem Konzept partizipatorischer Erziehung. Es wurde die physische und intellektuelle Entwicklung durch Bewegung, Musik, Sprache und Mathematik ebenso spielerisch gefördert wie vor allem die Schlüsselerfahrungen in Rollenspielen zum Erlernen sozialer Verantwortung aufgegriffen. Nach Ablauf der zwei Jahre – also spätestens mit dem Ende des 5. Lebensjahres – erfolgten keine weiteren Interventionen.

Bei der V-Gruppe erfolgte gar keine Intervention. Seitdem hat das Forschungsteam die Entwicklung über alle Stadien bis zum 10. Lebensjahr verfolgt. Es ist fast ein Wunder, wie sich die zweijährige Frühintervention in späteren Lebensabschnitten niederschlägt. Bis heute, wo das Projekt die Ergebnisse der Untersuchungen über das inzwischen erreichte Alter von 40 Jahren vorgelegt hat, wirkt sich das im Alter von drei bis fünf Jahren angehäufte «soziale Kapital» der U-Gruppe deutlich aus: Die Jugendlichen der U-Gruppe hatten im Alter von 19 Jahren deutlich häufigere Schulabschlüsse und bessere –leistungen, sie waren meist weniger kriminell oder sonst sozial aufgefallen. Im Alter von 27 Jahren als junge Erwachsene hatte die U-Gruppe ein weit höheres Einkommen, hatte weniger Sozialhilfe in Anspruch genommen und war weit weniger inhaftiert worden. Diese prosoziale Tendenz der U-Gruppe war auch im Alter von 40 Jahren gegenüber der V-Gruppe noch klar ausgeprägt. Beeindruckend ist die jetzt durchgeführte Kosten-Nutzen-Analyse der Frühintervention: Die intensive Betreuung der drei bis fünfjährigen Kinder hat pro Kind rd. 16 000 Dollar gekostet, zurückgekommen sind bis zum 40. Lebensjahr 195 000 Dollar Ersparnisse an sozialen Gemeinschaftskosten gegenüber der V-Gruppe. Oder anders ausgedrückt: Der Einsatz von einem Dollar brachte eine spätere Ersparnis von 7,16 Dollar. Die Ersparnis setzt sich vor allem aus nicht notwendig gewordenen Ausgaben im Zusammenhang mit Strafverfahren, sonstigen öffentlichen Erziehungs- und Sozialhilfemaßnahmen und mehr bezahlten Steuern zusammen. Durch das Programm entwickelten die Kinder bessere kognitive Leistungen, erzielten bessere Schulabschlüsse und höhere Einkommen, und nicht zuletzt wurde die kriminalpräventive Wirkung nachgewiesen. Die Ergebnisse dieser einzelnen Studie zwingen zum Nachdenken: Wie langfristig und nachhaltig sollte man Kriminalprävention betreiben? Darf man sich als (Kommunal-)Politiker von einem relativ hohen aktuellen Betrag abhalten lassen, intensive Prävention zu betreiben? Bei genauem

Hinsehen ist die letzte Frage mit einem klaren Nein zu beantworten, wenn man an die Verantwortung für die Zukunft junger Menschen und die Ersparnisse der folgenden Generation denkt.

Beispiel: Das Anti-Bullying-Programm des Norwegers Dan Olweus – Ein Mehrebenenkonzept gegen Gewalt an Schulen

Es handelt sich um eines der wenigen Programme gegen Aggressivität und Gewalt (im internationalen Sprachgebrauch häufig: *Bullying*), das in mehreren Ländern erprobt wurde und deutliche gewaltreduzierende Effekte (Rückgang um bis zu 50%) zeigen konnte. In Deutschland wurde dieses Programm in Schleswig-Holstein evaluiert und wird zurzeit in Nordrhein-Westfalen weitflächig an verschiedenen Schultypen umgesetzt.

Nach dem Stand kriminologischer Forschung liegen heute sowohl gute Analysen zu Art und Umfang gewalttätigen Verhaltens junger Menschen vor als auch weitgehend übereinstimmende kriminalpräventive Erkenntnisse über Gegenwirkungsstrategien. Aus den Forschungsergebnissen ergibt sich klar, dass weder eine Verharmlosung des Gewaltproblems an Schulen noch eine Dramatisierung angezeigt ist. Es handelt sich um ein häufig verdrängtes Problem von erheblicher gesellschaftlicher Bedeutung. Dies ergibt sich nicht nur aus der Häufigkeit der Gewalttaten, sondern insbesondere aus den erheblichen Auswirkungen für die Opfer, die das gesamte weitere Leben beeinträchtigen können. Die Untersuchungen zeigen, dass Opfer sich allein gelassen fühlen und selbst andauernde Opferwerdungen verschweigen. Sie erfahren sehr selten Unterstützung durch Mitschüler, Eltern und Lehrer. Auf Täterseite zeigt sich ein Zusammenhang zwischen aggressiven Auffälligkeiten in der Schule und späterer Straffälligkeit: Etwa 30–40% der Täter wurden später drei- oder mehrfach verurteilt.

Das Interventionsprogramm zeigt als Mehrebenenansatz, der sich mit dem gesamten Mikrokosmos Schule befasst, auf allen Präventionsstufen wirkt und beim vorhandenen sozialen Umfeld angesetzt, deutliche Effekte. Eine Reduktion von Aggression und Gewalt wird ohne Verdrängungseffekt erreicht, zudem eine Verringerung im allgemeinen antisozialen Verhalten und eine deutliche Verbesserung im Hinblick auf verschiedene Aspekte des Sozialklimas. Bestätigt werden diese Ergebnisse durch Evaluationsstudien in anderen Ländern und darüber hinaus durch eine neuere Metaanalyse. Schließlich ist die Wirksamkeit theoretisch begründet und klar einzuordnen, und zwar nicht nur hinsichtlich der von Olweus vertretenen Lerntheorie, sondern auch unter Anwendung des Pyramidenmodells normativer Sozialisation, der Kontrolltheorien und der neueren Entwicklungskriminologie.

Das Programm schafft einen Rahmen, in dem Gewalt durch Thematisierung, Grenzziehung und Integration keine Chance im Schulalltag hat. Das ist nicht durch hektische Maßnahmen nach einem beunruhigenden Gewaltakt oder durch den unspezifischen Einsatz von Schulsozialarbeitern zu schaffen, sondern es handelt sich um eine langfristige Präventionsstrategie, die hohes und dauerndes Engagement der Institution und aller Beteiligten erfordert. Zunächst wird Problembewusstsein geschaffen (wiederholte Befragungen aller Schüler), die Lehrer und Eltern werden weitgehend beteiligt, es werden Regeln gegen Gewalt mit den Schüler/innen erarbeitet und durchgesetzt, und die Opfer erfahren konsequent Schutz und Unterstützung. Nur auf dieser Basis ist es auch möglich, «schwierige Fälle» mit zusätzlicher professioneller Hilfe zu einem friedlichen Zusammenleben zu führen.

Weiterführende Literatur

Baltzer, Ulrich: Die Sicherung des gefährlichen Gewalttäters – eine Herausforderung an den Gesetzgeber. Wiesbaden 2005.

Bannenberg, Britta: Strategien wirkungsorientierter Kriminalprävention. Deutsche Zeitschrift für Kommunalwissenschaften 2003/I, 5–19.

Bannenberg, Britta/Coester, Marc/Marks, Erich (Hrsg.): Kommunale Kriminalprävention. Ausgewählte Beiträge des 9. Deutschen Präventionstages, 17. und 18. Mai 2004 in Stuttgart. Mönchengladbach 2005.

Bannenberg, Britta/Schaupensteiner, Wolfgang: Korruption in Deutschland. Portrait einer Wachstumsbranche. München 2004.

Bannenberg, Britta/Rössner, Dieter/Kempfer, Jacqueline: Mehr-Ebenen-Konzepte gegen Gewalt an Schulen. Empirische Wirkungen erfolgreicher Programme gegen Gewalt. zjj 2/2004, 159–170.

Bannenberg, Britta/Weitekamp, Elmar/Rössner, Dieter/Kerner, Hans-Jürgen: Mediation bei Gewaltstraftaten in Paarbeziehungen. Baden-Baden 1999.

Becker, Gerold/Kunze, Arnulf/Riegel, Enja/Weber, Hajo: Die Helene-Lange-Schule Wiesbaden. Das andere Lernen. Entwurf und Wirklichkeit. Hamburg 1997.

Bundeskriminalamt (Hrsg.): Polizeiliche Kriminalstatistik. Bundesrepublik Deutschland. Berichtsjahr 2003. Wiesbaden 2004 sowie Kurzfassung 2004 (www.bka.de).

Bundesministerium für Familie, Senioren, Frauen und Jugend (Hrsg.): Lebenssituation, Sicherheit und Gesundheit von Frauen in Deutschland. Eine repräsentative Untersuchung zu Gewalt gegen Frauen in Deutschland. Durchgeführt von Müller, Ursula/Schröttle, Monika/Glammeier, Sandra, Interdisziplinäres Zentrum für Frauen- und Geschlechterforschung der Universität Bielefeld. 2004.

Bundesministerium des Innern/Bundesministerium der Justiz (Hrsg.): Erster Periodischer Sicherheitsbericht. Juli 2001. www.bmj.bund.de.

Cierpka, Manfred: Faustlos – Wie Kinder Konflikte gewaltfrei lösen lernen. Freiburg im Breisgau 2005.

Dünkel, Frieder/Drenkhahn, Kirstin: Behandlung im Strafvollzug: von «nothing works» zu «something works». In: Bereswill, Mechthild/Greve, Werner (Hrsg.): Forschungsthema Strafvollzug. Baden-Baden 2001, 387–417.

Egg, Rudolf (Hrsg.): Sexueller Missbrauch von Kindern. Täter und Opfer. Wiesbaden 1999.

Egg, Rudolf/Minthe, Erik (Hrsg.): Opfer von Straftaten. Wiesbaden 2003.

Elz, Jutta: Legalbewährung und kriminelle Karrieren von Sexualstraftätern – Sexuelle Missbrauchsdelikte. Wiesbaden 2001.

Elz, Jutta: Legalbewährung und kriminelle Karrieren von Sexualstraftätern – Sexuelle Gewaltdelikte. Wiesbaden 2002.

Göppinger, Hans: Kriminologie. 5. Aufl. München 1997.

Göppinger, Hans: Der Täter in seinen sozialen Bezügen. Berlin u. a. 1983.

Gössel, Karl Heinz/Dölling, Dieter: Strafrecht. Besonderer Teil. 2. Aufl. Weinheim und Basel 2004.

Grüner, Thomas/Hilt, Franz: Bei Stopp ist Schluss! Werte und Regeln vermitteln. Lichtenau 2004.

Hassemer, Winfried/Reemtsma, Jan Philipp: Verbrechensopfer. Gesetz und Gerechtigkeit. München 2002.

Heinz, Wolfgang/Jehle, Jörg-Martin (Hrsg.): Rückfallforschung. Wiesbaden 2004.

Heitmeyer, Wilhelm/Hagan, John (Hrsg.): Internationales Handbuch der Gewaltforschung. Wiesbaden 2002.

Jehle, Jörg-Martin/Heinz, Wolfgang/Sutterer, Peter: Legalbewährung nach strafrechtlichen Sanktionen – eine kommentierte Rückfallstatistik. Bundesministerium der Justiz (Hrsg.), Berlin 2003.

Kaiser, Günther: Kriminologie. Ein Lehrbuch. 3. Aufl. 1996.

Kaiser, Günther/Schöch, Heinz: Strafvollzug. 5. Aufl. 2002.

Killias, Martin/DePuy, Jacqueline/Simon, Mathieu: Violence experienced by women in Switzerland over their lifespan. Results of the International Violence against Women Survey (IVAWS). Bern 2005.

Killias, Martin: Grundriss der Kriminologie. Eine europäische Perspektive. Bern 2002.

Lösel, Friedrich/Köferl, Peter/Weber, Florian: Meta-Evaluation in der Sozialtherapie. Stuttgart 1987.

Marneros, Andreas/Ullrich, Simone/Rössner, Dieter: Angeklagte Straftäter. Das Dilemma der Begutachtung. Baden-Baden 2002.

Marneros, Andreas/Rössner, Dieter/Haring, Annette/Brieger, Peter: Psychiatrie und Justiz. Bern u. a. 2000.

Meier, Bernd-Dieter: Kriminologie. München 2003.

Meier, Bernd-Dieter: Strafrechtliche Sanktionen. Kriminologie. Berlin u. a. 2001.

Meier, Bernd-Dieter/Rössner, Dieter/Schöch, Heinz: Jugendstrafrecht. München 2003.

Ohlemacher, Thomas/Sögding, Dennis/Höynck, Theresia/Ethé, Nicole/Welte, Götz: Anti-Aggressivitäts-Training und Legalbewährung: Versuch einer Evaluation. In: Bereswill, Mechthild/Greve, Werner (Hrsg.): Forschungsthema Strafvollzug. Baden-Baden 2001, 345–386.

Reemtsma, Jan Philipp: Im Keller. Reinbek 1998.

Rehn, Gerhard/Wischka, Bernd/Lösel, Friedrich/Walter, Michael (Hrsg.): Behandlung «gefährlicher Straftäter». 2. Aufl. Herbolzheim 2001.

Riegel, Enja: Schule kann gelingen! Wie unsere Kinder wirklich fürs Leben lernen. Frankfurt am Main 2004.

Rössner, Dieter: Dissoziale Persönlichkeitsstörung und Strafrecht. In: Schöch,

Heinz/Jehle, Jörg-Martin (Hrsg.): Angewandte Kriminologie zwischen Freiheit und Sicherheit. Mönchengladbach 2004, 391–411.

Rössner, Dieter/Bannenberg, Britta/Coester, Marc: Düsseldorfer Gutachten: Empirisch gesicherte Erkenntnisse über kriminalpräventive Wirkungen. Internetpublikation Düsseldorf 2002 (www.duesseldorf.de/download/dg.pdf).

Sachsse, Ulrich: Traumazentrierte Psychotherapie. Stuttgart 2004.

Wabnitz, Heinz-Bernd/Janovsky, Thomas: Handbuch des Wirtschafts- und Steuerstrafrechts. 2. Aufl. München 2004.

Register

Rechtsgeschichte bei C.H.Beck
Eine Auswahl

C.H.BECK ■ WISSEN
in der Beck'schen Reihe

Zuletzt erschienen:

C.H.Beck Wissen
Eine Auswahl

Hans-Joachim Braun
**Die 101 wichtigsten Erfindungen
der Weltgeschichte**
Limitierte Auflage
2005. 124 Seiten mit 58 Abbildungen,
davon 30 in Farbe. Paperback
(Beck'sche Reihe Band 2359)

Heinz Halm
Die Schiiten
2005. 128 Seiten mit 3 Abbildungen und 1 Karte. Paperback
(Beck'sche Reihe Band 2358)

Manfred Hutter
Die Weltreligionen
2005. 144 Seiten mit 7 Abbildungen. Paperback
(Beck'sche Reihe Band 2365)

Frank Rexroth
Deutsche Geschichte im Mittelalter
2005. 128 Seiten mit 2 Karten. Paperback
(Beck'sche Reihe Band 2307)

Ralph Tuchtenhagen
Geschichte der baltischen Länder
2005. 128 Seiten mit 6 Karten. Paperback
(Beck'sche Reihe Band 2355)

Bernd Ulrich
Stalingrad
2005. 128 Seiten mit 3 Abbildungen und 2 Karten. Paperback
(Beck'sche Reihe Band 2368)